FECHE OS OLHOS E VEJA

*Use o poder transformador
das imagens do inconsciente*

Dados Internacionais de Catalogação na Publicação (CIP)
(Câmara Brasileira do Livro, SP, Brasil)

Telles, Izabel.
Feche os olhos e veja : use o poder transformador das imagens do inconsciente / Izabel Telles ; ilustrações Guilherme Vianna. – 2ª ed. – São Paulo: Ágora, 2003.

ISBN 978-85-7183-830-7

1. Controle da mente 2. Inconsciente I. Vianna, Guilherme. II. Título

03-3123   CDD-158.1

Índice para catálogo sistemático:

1. Imagens do inconsciente : Transformação : Psicologia aplicada 158.1

Compre em lugar de fotocopiar.
Cada real que você dá por um livro recompensa seus autores
e os convida a produzir mais sobre o tema;
incentiva seus editores a encomendar, traduzir e publicar
outras obras sobre o assunto;
e paga aos livreiros por estocar e levar até você livros
para a sua informação e o seu entretenimento.
Cada real que você dá pela fotocópia não autorizada de um livro
financia o crime
e ajuda a matar a produção intelectual de seu país.

FECHE OS OLHOS E VEJA

*Use o poder transformador
das imagens do inconsciente*

Izabel Telles

EDITORA
ÁGORA

FECHE OS OLHOS E VEJA
Copyright © 2003 by Izabel Telles
Direitos desta edição reservados por Summus Editorial

Capa: **BVDA - Brasil Verde**
Ilustrações: **Guilherme Vianna**
Editoração e fotolitos: **All Print**

ADVERTÊNCIA

Este livro narra a experiência terapêutica de alguém que recebeu um dom e se dispôs a colocá-lo a serviço das pessoas. Não tem a menor pretensão de substituir o atendimento médico ou psicológico.
Quando houver necessidade, procure a orientação de um profissional especializado.

Editora Ágora
Departamento editorial:
Rua Itapicuru, 613 – 7º andar
05006-000 – São Paulo – SP
Fone: (11) 3872-3322
Fax: (11) 3872-7476
http://www.editoraagora.com.br
e-mail: agora@editoraagora.com.br

Atendimento ao consumidor:
Summus Editorial
Fone: (11) 3865-9890

Vendas por atacado:
Fone: (11) 3873-8638
Fax: (11) 3873-7085
e-mail: vendas@summus.com.br

Impresso no Brasil

*Dedico este livro aos meus queridos irmãos,
Maria Emília, Rosa Maria, Antonio e Marina.
Com seus exemplos, eles me ensinaram
a tentar ser cada dia melhor.
Ao lado deles, aprendi a amar e respeitar
profundamente nossos pais,
Humberto e Gilda.
Todos os dias, fecho meus olhos
e imagino os dois, lá no céu, de mãos dadas,
abençoando o nosso caminhar.*

Obrigada

Preciso muito agradecer. Ainda um pouco mais, para mais pessoas.

Primeiro, ao meu Pai Criador, que me dotou de um dom maravilhoso contra o qual lutei muito antes de aceitá-lo. Mas quando assim o decidi, Ele estava lá, ao meu lado, esperando pacientemente minha decisão de entrega e dedicação a este dom.

Quero agradecer ao Claude, um terapeuta completo, que sempre me apoiou neste caminho.

Quero honrar as pessoas que foram aparecendo, conhecendo o dom, mudando suas vidas, voltando, pesquisando, ajudando a acertar as arestas, andando lado a lado comigo.

Meu abraço apertado, de coração, ao meu mestre, dr. Gerald N. Epstein por ter olhado para tudo isso com a naturalidade dos sábios e, como um ser grandioso, ter-me aceito na sua Escola nos Estados Unidos, onde pude apurar ainda mais minha técnica.

Quero encostar minha cabeça no ombro direito da Elisabete Sofia Lepera, minha querida Bete, mestre em Psicologia, devota a Jung e seus ensinamentos, que ela sabe transmitir tão bem nos seus apaixonantes cursos no Sedes, na Palas Athena e nos grupos de estudo que conduz com maestria, graça, delicadeza e competência. A você, Bete, devo o conhecimento teórico que vou pesquisando, e a cumplicidade do seu olhar meigo e feminino que me transmite paz e confiança.

Quero dar as mãos para a Alzira Castilho Ribeiro, que chegou em minha vida para me fazer ver muitas coisas, entre elas, a necessidade de lançar este livro que a Edith Elek, da Editora

Ágora, leva até você num projeto completo, como eu e a Alzira sonhamos.

Minha gratidão à Dora de La Servière, competentíssima e amorosa profissional, que me faz ir ao Rio de Janeiro de vez em quando para estar com seus pacientes.

Aos amigos e clientes de Portugal, por quem tenho imenso apreço e grande estima.

Obrigada a todos os que passaram e passam pela minha vida, pelos meus trabalhos, apoiando meus acertos e pontuando meus erros, empurrando o curso do meu rio para que ele finalmente possa beijar meu grande mar de amor incondicional.

Índice

Prefácio 13

Introdução – Uma ferramenta preciosa 15

PARTE 1 DESVENDANDO O INCONSCIENTE

Capítulo 1
Palavras, imagens e sensações 21
A reconquista da liberdade 23
Arquipélagos de energia 27
Finalmente, a mente 29
A inteligência da imaginação 31

Capítulo 2
O pensamento, o ego e o ser superior 35
A descoberta do mundo interno 35
Quem dá as cartas 36
As três casas 38
A alma não julga 39

Capítulo 3
No universo das imagens 41
Outros olhos 43

PARTE 2 LENDO O INCONSCIENTE

Boutros – Um universo completo 54
Ana – A segunda chance 58
Breno – Sucesso sem sabotagem 68
Eduarda – Raízes fazem falta 75
Helena – A estrada segura 78

PARTE 3 EXERCÍCIOS

Os primeiros passos 93
Regras gerais 94
Mãos à obra! 95
Observações importantes 96
Aprendendo a visualizar 96
Exercícios com imagens 99
Achar as respostas que procura 101
    Palavras do golfinho 101
    Uma luz 101
    Paisagem na janela 102
    Guirlanda colorida 102
    Jornada iluminada 102
Limpar o corpo e a mente 103
    Corpos sutis 103
Ativar os *chakras* 105
    Para pessoas "avoadas" 105
    Aumentar o apetite sexual 106
    Criar força de vontade 106
    Experimentar o amor incondicional 106
    Facilitar a comunicação 107
    Melhorar a concentração 107
    Obter inspiração 108
Aliviar sofrimentos físicos 109
    Acalmar uma dor 109
    Aliviar tensões 109
Combater a depressão 110
    O renascimento da flor 110
    O vôo das borboletas 111
    Ação e alegria 111
Outras dores da alma 112

    Lidar com a falta de afeto 112
    Sair do sufoco.. 113
    Ultrapassar os limites.. 113
Libertar-se 114
    Do outro 114
    Dos pesos do caminho 114
Vencer o passado 115
    O pássaro renasce 115
    Cortando as amarras... 115
Superar as mágoas... 116
    Limpando o passado.. 116
    Tirando espinhos do coração... 116
Salvar a si mesmo 117
    Da opressão 117
    Do abandono – A força da bondade................................... 117
Desviar o negativo 118
    A face do otimista 118
Aumentar a auto-estima.. 119
    Senhor do trono 119
    Adeus complexo de inferioridade 119
Resolver conflitos... 120
    Saindo do meio deles... 120
Escrever uma nova história 121
    Mudar de rumo.. 121
    Realizar um sonho 121
    Obter mais energia 121
Renovar emoções 122
    Barril de pólvora... 122
    As sete pedrinhas 122
Alcançar a tranqüilidade 123
    Um imenso jardim 123
    Cenário de paz.. 123

Conquistar outras qualidades 124
    Flexibilidade 124
    Fortaleza 124
    Alegria 125
    Felicidade 125
    Estabilidade 125
Pertencer ao grupo 126
Vencer os inimigos 127
    O Gladiador 127
Amar mais e melhor 128
    Terminar uma relação que faz sofrer 128
    Solidificar um relacionamento saudável 128
    Melhorar o convívio 128
Resgatar a justiça 129
    A libertação do índio 129
Acreditar no nosso país 130
    Resgate do amor pelo Brasil 130
    Brasil vencedor 131
Arranjar trabalho 132
    O presente das formigas 132
Emagrecer 133
    Estica-e-puxa 133
    A melancia 133
    Hora da modelagem 134
    Cores e emoções 134
Especiais para mulheres 135
    Resgate do feminino 135
    Pais e filhos 136

Prefácio

Sempre quis conhecer alguém que tivesse um *dom*. Acreditava na paranormalidade, mas queria viver a experiência do contato com alguém que praticasse esse dote extra. E foi assim que conheci Izabel Telles. Ouvindo falar dela de forma séria e embasada, peguei o primeiro avião da ponte aérea e fui fazer uma consulta com essa pessoa incrível, que penetra em nosso inconsciente como quem desliza, adentrando numa visitação profunda aos nossos sentimentos represados, e trazendo imagens. Mas o que eu não esperava encontrei também: um *dom* com utilidade terapêutica.

No decorrer da consulta fui libertada da culpa que carregava pela perda do meu filho – um nó energético que vinha me impedindo de celebrar a oportunidade que tive de conhecer e amar essa pessoa especialíssima que ele foi. Que ele é. A partir daquele momento, fiz e faço de tudo para que meus pacientes que carregam fardos de padrões desnecessários em suas vidas tenham a oportunidade de se consultar com Izabel.

Meu trabalho consiste em aconselhar pessoas com dependências, ajudando-as a se recuperar. É maravilhoso e extremamente gratificante, mas é preciso sempre recorrer a todas as boas ferramentas disponíveis, porque não é tarefa fácil. Ter podido contar todos esses anos com o recurso das visualizações de Izabel Telles, muitas vezes, tem sido o instrumento que faltava para desvendar ou aprofundar-me na natureza de muitas pessoas.

Em meu contato com Izabel fui conhecendo a importância das imagens, bem como a força curativa libertadora que exercícios imagéticos podem ter sobre inúmeras questões que o mero intelecto não alcança. Seu livro trata disso. Izabel não guarda o poder do seu *dom* apenas para si, ela o distribui, generosamente. Qualquer pessoa, depois de ler o seu livro e entender o princípio simples de como funciona nossa mente inconsciente, poderá aprender a utilizar os exercícios descritos e até mesmo criar outros para novas situações. Eles obedecem uma lógica que, uma vez apreendida, proporcionará mais poder para pisar firme na direção de seus desejos.

Mas tudo o que disse até agora ainda não é o mais importante. Segundo a minha própria experiência, como pessoa e como profissional, sugiro que terapeutas (de qualquer linha) ouçam a fita gravada nas sessões de Izabel com seus clientes em consultório. Reservem um horário duplo. Escutem a fita antecipadamente, assim como os clientes já o fizeram. Deixem o aparelho eletrônico reproduzindo com livre acesso a ambos, para que possa ser pausado, propiciando diálogos sobre o que estão ouvindo. É simplesmente sensacional o aprofundamento que tal experiência produz. Assim como é fantástico o salto qualitativo na relação terapêutica depois disso. E eu me pergunto: "Será que isso também não pode ser verdadeiro entre duas pessoas que se querem bem e desejam se ajudar mutuamente?".

Recomendo o livro *Feche os olhos e veja* de Izabel Telles como um curso de familiarização com o seu próprio computador interno.

Dora de la Servière
Conselheira em Dependências

Introdução

Uma ferramenta preciosa

Sua mente inconsciente é seu oráculo, seu templo, seu jardim do Éden, seu dicionário de símbolos, seu mapa, seu oceano profundo, sua bússola, sua escola de medicina.

Tudo o que você precisa saber sobre si mesmo está dentro desse espaço infinito.

Tenho a grande felicidade de entrar neste espaço todos os dias, quando recebo pessoas querendo saber mais sobre si. Fecho os meus olhos e adentro este arquivo multidimensional que revela rapidamente uma imensidão de símbolos e metáforas, histórias inteiras que contam muito sobre todos nós.

As imagens gravadas no inconsciente expressam as emoções arquivadas ao longo de nossas vidas. Revelam quem você é, bem lá no fundo, no mais profundo da sua existência.

Costumo dizer que não existem inconscientes iguais. Existem símbolos universais que ganham significados pessoais em cada universo que habitam.

Levar consciência a este estado sem ciência, sem lógica, sem fronteiras é a proposta deste livro. Iluminar memórias vivas que giram perdidas do seu fio da história.

Na primeira parte desse livro, tento levar você pelos caminhos onde ando. Vamos conversando, trocando idéias e descobertas, partindo do princípio básico "tudo o que sei é que nada sei".

Na segunda parte, você entrará em contato com histórias reais. São imagens de cinco clientes que cederam prontamente seus casos completos para ilustrar o livro. A eles devo minha profunda gratidão e meu imenso amor. Os nomes, naturalmente, foram trocados para proteger suas individualidades.

Essas cinco pessoas são gente comum, como você, e me procuram porque têm pressa em resgatar seus tesouros no mar profundo do inconsciente.

Na terceira e última parte, ofereço a você, leitor, sessenta exercícios com imagens mentais cedidos por outros clientes que "emprestaram" as metáforas para a elaboração deles.

Eles serão úteis para quem deseja aprender a usar a própria imaginação para entender suas emoções, conservando as que fazem bem e modificando as que podem estar machucando seu corpo físico, mental e espiritual.

Acompanha também esta edição, um CD com mais dez exercícios inéditos.

Amorosamente,

Izabel

Parte 1

Desvendando o Inconsciente

O inconsciente

*Quanto mais navego neste mar
mais tesouros sei que vou encontrar
muralhas cinzentas... será azar?
Borboletas sem asas querendo voar.*

*Um dia, imaginem vocês, encontrei
um porta-aviões amarrado na praia
por um bando de anões.
Um laço amarelo com olhos e antenas
armado em libélula prepotente.*

*Achei certa vez no convés de um navio pirata
um bando de ratos jogando xadrez num tabuleiro
de doces. E todos vestiam* smoking, *cartola e gravata...
acreditem vocês.*

*Um dia, bem cedo, quando o sol entrou pela janela
deparei com um armário cheio de panelas
chorando de fome: passando o cabo pelas bordas,
elas mostravam suas barrigas vazias.*

*Quando achei que isso era tudo,
surgiu um grande olho azul metido a aquário, tendo,
no fundo da íris, um montão de peixinhos afogados.*

*Ontem vi um coração transpassado por mil espadinhas,
fechado, coitadinho, dentro de uma coroa de espinhos.*

*Ah! estas imagens da mente!
Ah! Que poder tem este tal de inconsciente!*

Capítulo 1

Palavras, imagens e sensações

Numa tarde de inverno, o dr. Epstein me ensinou, entre muitas outras coisas, que a mente possui duas formas de comunicação: no seu território consciente, por assim dizer, ela se processa por meio das palavras; na área do inconsciente, a informação é enviada pelas imagens.

Gerald Epstein era um psiquiatra ortodoxo em Nova Iorque até ser convidado para fazer uma conferência em Jerusalém. A viagem mudou profundamente sua vida. Naquela cidade, encontrou madame Collete Aboulker Muscat, que lhe mostrou a sua técnica de trabalho com imagens mentais. Epstein dedicou-se ao estudo desse fenômeno e, ao regressar a Nova Iorque, fundou o *American Institute for Mental Imagery*. Ali, na esquina da rua 96 com a Madison, apurei um dom que me acompanha desde a infância: a capacidade de ler as imagens que povoam o inconsciente das pessoas. Em 1996, larguei tudo e fui para os Estados Unidos conhecer a terapia com imagens do dr. Epstein.

Com o meu querido mestre, comecei a entender que a palavra é a linguagem do mundo consciente e a imagem, a linguagem do mundo inconsciente, embora as duas formas de comunicação estejam indissoluvelmente ligadas.

A palavra é usada pela mente para conversar com o mundo externo. Mas passa por um complexo sistema de filtros que, de uma forma ou de outra, pode desviá-la da intenção original.

Por exemplo, quando eu penso que não quero aceitar mais um pedaço de bolo, deveria apenas dizer um não, obrigada.

Porém, olhando bem para a tia velhinha que está oferecendo o bolo e pensando no seu trabalho ao prepará-lo, minha mente orienta minha ação a aceitar só mais um pedacinho, para não deixar minha tia triste.

Ora, então eu posso manipular as palavras com meu sistema de crenças. Porque eu não quero magoar minha tia – isso para mim seria como macular um dos mandamentos que recebi na minha formação – eu desvio a palavra para o *corner* DO QUE POSSO E DO QUE NÃO POSSO DIZER para ser socialmente aceita. Com isso, agrado a minha tia, porém contrario a mensagem que recebi da minha mente.

Fazendo isso dia após dia, ano após ano, chega uma hora em que a gente se depara com certas questões relevantes:

– Afinal quem sou eu?

– Do que eu gosto verdadeiramente?

– Será que este sistema de crenças em que fui obrigada a acreditar desde que nasci conseguiu criar forma e ser mais importante do que eu a ponto de comandar a minha vida?

– Por que continuo a visitar a minha tia, que me faz comer bolo, enche meus ouvidos de lamúrias e me causa mal-estar, ao invés de estar investindo meu tempo em outras atividades ou mesmo assistindo ao meu programa preferido de TV?

Porque não consigo. Eu ainda preciso mostrar à família que sou uma mocinha comportada para que eles me admirem e me amem, como se eu fosse um bebê bonzinho que come tudo, faz cocô no penico e dorme doze horas por noite sem dar um pio.

Para compreender melhor por que seguimos sempre os padrões e as crenças que nos ensinaram, comecei a fazer um curso de co-dependência. Ali, aprendi que a gente nasce livre, original, criativo, amoroso. Mas não independente. E, devido à nossa dependência dos adultos, somos manipulados e moldados por eles de acordo com o sistema de crenças e de padrões que eles também receberam dos seus pais, da religião, da mídia, do mundo, enfim.

E ai de quem tenta escapar desse sistema. Perde o carinho dos pais, o respeito dos amigos, quando não ganha um castigo. Desde criança aprendemos que a liberdade tem preço e que ser diferente dos outros pode nos custar o isolamento.

Mediante essa estrutura simples, porém poderosa, compreendemos por que algumas pessoas continuam casadas com outras a quem deixaram de amar ou se mantêm dentro de empresas que estão castrando toda a sua criatividade.

A reconquista da liberdade

Felizmente, chega um dia em que o ser humano sente saudades do seu ser verdadeiro. Começa a clamar por algo que está faltando e o dinheiro não compra. Inicia aí uma batalha das mais árduas que já pude vivenciar na minha vida e assisto pessoas travando a cada minuto: a da libertação dos padrões e das crenças.

Despregar-se destas gavetas da memória pode ser sofrido, doloroso, incômodo; pode romper, desagregar, desesperar, causar sentimentos de medo e pânico... mas é tão necessário quanto possuir um nome, uma identidade.

Ninguém sai de um padrão pelo discurso. É preciso mexer com a emoção, tocar os limites do corpo, limpar de cada célula a memória daquele comportamento.

É um exercício complexo que requer esforço repetitivo e constante. É como montar uma patrulha e pôr em alerta 24 horas por dia o batalhão do resgate da consciência. Um dos desafios desse batalhão é resistir ao assédio dos padrões.

Padrões e crenças adoram falar no tempo futuro e no condicional. Quer ver?

- Se você for... se você fizer... se você deixar de... se você não comparecer... um dia você fará... um dia o fulano vai embora e... no mês que vem eu tentarei...
- Fulano fez e agora... a experiência mostra que...
- Melhor o conhecido do que o desconhecido... mais vale um na mão... se você quiser arriscar...

São os covardes dos padrões que nos impõem marcas de roupas, bolsas, sapatos, excluindo da sociedade todos aqueles que não estão na mesma onda ou provocando ainda mais infelicidade nos que querem entrar mas não têm recursos para pagar o custo destes luxos absolutamente desnecessários.

Por trás desta manipulação estão o lucro, a ganância e o poder que o dinheiro traz. Ou que algumas pessoas pensam que ele traz.

Repare nesta explosão de cirurgias plásticas e lipos. O corpo é torturado, deformado, retalhado apenas para responder a um padrão estético que alguém determinou um dia.

E os vigias de plantão são tão requintados que uma pessoa fora do padrão não consegue sequer achar roupa pronta para o seu tamanho ou é olhado com desprezo pelas vendedoras das butiques.

Rejeição, desprezo, exclusão... quem agüenta sentir isso?

É a tal história lá da infância – para não ficar sozinho a gente faz qualquer coisa, mesmo que seja uma enorme brutalidade contra a nossa liberdade.

Quem quer liberdade? Quem quer ser dono do próprio nariz?

Se assim fosse, a gente não precisaria do governo para nos governar, do vizinho para bisbilhotar, da polícia para policiar, dos impostos para alimentar uma máquina burocrata e improdutiva...

Quem quer?

No sonho, na utopia, todos nós queremos. Porém, quando chega o momento de agir, a gente deixa pra lá. Outro vai fazer. É melhor ficar no cômodo e conhecido, apesar do sofrimento que esta escolha pode trazer.

Certa vez, ao visualizar as imagens gravadas na mente de um cliente, deparei com um homenzinho escalando um imenso paredão para chegar ao topo de um sofisticado edifício. O homenzinho subia exausto, gravata arreada no pescoço vermelho de tensão. Abriu uma porta e entrou numa cobertura deslumbrante, toda de mármore de carrara e com vista para o mar. De repente, o teto foi caindo sobre sua cabeça como se ele fosse um pedaço de presunto prestes a ser amassado pela segunda fatia do pão de forma na chapa de fazer "emparedados", como os argentinos chamariam um simples misto-quente.

Entre soluços, meu cliente confessou que se sentia esmagado por suas conquistas materiais. Já não sabia se era amado pelo seu dinheiro e poder ou por sua pessoa. Estava numa tremenda crise de falta de identidade, de afeto, de amor, coisas que o dinheiro não compra, nem ajuda a trazer.

Dei a ele o seguinte exercício: pedi que fechasse os olhos e se visse na cobertura com o teto prestes a cair e, num só golpe de imaginação, mandasse-o para o espaço, alargando os seus limites. Quando abriu os olhos, ele sorriu e me contou o que aconteceu naqueles segundos:

— *Eu entrei na cobertura imensa. Toda mobiliada com móveis de couro preto, mesas de vidro pretas, tapetes persas. As paredes estavam repletas de quadros e as luminárias eram tão lindas quanto a que eu vi um dia no hotel Pierre, em Nova Iorque. As janelas eram imensas, de vidro, e tão limpas como se a minha faxineira tivesse saído dali há poucos minutos. Através delas eu via um mar belíssimo, com iates imensos flutuando ao som das músicas do Sinatra, gente bonita dançando. Aí, o teto começou a desabar e eu me sentindo sufocado. Mas você me disse para mandar esse teto para o espaço. Usei raio laser e detonei aquela armação de concreto. Vi o céu. Azul, lindo... Foi uma deliciosa sensação de liberdade que quase não dá para descrever...*

Não é fascinante ver a imaginação funcionando a todo vapor, criando e recriando, inventando, reinventando, colorindo, localizando, enganchando referências, visões, lugares, vivências?

A imaginação faz conexões e analogias, encadeia fatos e conhecimentos, usa todos os seus recursos para transformar uma emoção negativa em positiva; sufoco em liberdade.

Um simples comando e lá vai a mente buscar suas produções ilimitadas, trazendo de bandeja para cada um de nós o conflito representado por imagens.

A partir daí fica fácil: conhecendo estas imagens você pode enviar seu conhecimento para cuidar delas. Transformá-las para alcançar o objetivo desejado. Basta fechar os olhos e perguntar. A resposta vem... ah, se vem... em forma de imagens, sons, cheiros, vibrações...

Arquipélagos de energia

Cada emoção que sentimos – das menorzinhas até as gigantescas – é transformada em sensações físicas e em imagens. A mente fotografa esta imagem, a expressão holográfica, simbólica, que ela capta e guarda na forma de representações absolutamente atemporais e analógicas, mas capazes de comunicar o valor daquela emoção.

Esta imagem agrupa-se a outra com o mesmo valor emocional, formando "arquipélagos" – é o termo que gosto de usar para explicar como ficam as imagens na mente. Há uma ilha central, que é o primeiro impacto desta emoção na sua existência. Ela tem tamanha força psíquica que é como se possuísse uma espécie de ímã para atrair as "ilhotas" surgidas posteriormente com igual carga energética, quando o inconsciente arquiva novas e diferentes imagens para traduzir aquela mesma emoção.

Alguns cientistas dizem que tais imagens estão depositadas no cérebro. Não é o que observo na minha experiência. Estes conjuntos energéticos ficam armazenados nas células (não posso afirmar cientificamente isso, mas é como visualizo), ávidos de novas ilhotas para aumentar ainda mais o grupo.

Logo, para mim, A MENTE ESTÁ CONTIDA NAS CÉLULAS.

Isso ficou patente para mim ao trabalhar com uma mulher na faixa dos 50 anos. Vi nas suas imagens uma criança pequena, de vestido de cetim e mangas bufantes, abraçar com força uma mulher preta ao lado de um fogão de lenha.

Ela me disse, então, que não fora criada em fazenda, nem sabia usar um fogão de lenha, mas algo dentro dela conseguia identificar perfeitamente tudo aquilo, o local, o abraço, o cheiro da lenha queimando, a força dos braços desta mulher, seu calor, seu carinho. "Nunca estive neste lugar mas sei exatamente que ele está dentro de mim", comentou.

Pedi que fechasse os olhos, respirasse três vezes, fosse até lá, encontrasse esta menina e abraçasse esta mulher com amor, fé e verdade. Enquanto ela fazia o exercício, pude ver lágrimas escorrendo pelo seu rosto e um sorriso largo e reconfortante iluminar seus lábios. Seu corpo foi se desenrolando, abrindo. Sua respiração ficou mais longa e pacífica e a luz se fez.

Quando ela abriu os olhos, suas palavras foram: "QUE MARAVILHA PODER TOCAR A VIBRAÇÃO DA EMOÇÃO". Ela entendeu que poderia sentir tudo outra vez quantas vezes quisesse. Bastava fechar os olhos, ir até a imaginação e entrar em contato com suas memórias, suas imagens.

Era só ir até o campo do Divino, onde não há limites, julgamentos, nem avaliações. Onde Walt Disney andou para criar suas histórias. Onde Lewis Caroll penetrou para falar da sua Alice interna, dos seus sonhos, do seu paraíso onírico povoado de inocência, beleza e boa vontade. Onde um coelho diz "NÃO HÁ TEMPO", pois realmente não há. Nem lugar, nem cronologia, nem lógica. Lá onde nada é exato, onde tudo pode ser ou pode não ser. Onde o faz-de-conta é o que conta.

Finalmente, a mente

Depois de muitos séculos vendo o ser como partes de um corpo, um foco de luz se direciona para a compreensão deste espetacular milagre: corpo e mente são uma só força. E mais: as ordens que o corpo cumpre são dadas pela mente. Não será o corpo os olhos da mente?

A mente cura. A mente mata.

Voltemos à premissa básica: as emoções provocam imagens na mente. O organismo reconhece estas imagens e responde com um impulso. Portanto, o físico expressa o não-físico. E pode ser curado por ele. Ou adoecer por causa dele.

Suponha que sua vida seja marcada todos os dias pela mesma emoção seguida e insistentemente batendo na mesma tecla. Por exemplo: seu pai é uma fera. Só de olhar para ele, você sente medo. E todos os dias. E toda uma vida. Você olha para ele e sente medo. Olha para ele e sente medo. Pensa nele e sente medo. Ouve a voz dele e sente medo.

O medo (esta emoção, portanto) provoca uma sensação física, um ponto de aglomeração de toxinas que seu sistema linfático não consegue limpar e jogar fora do seu corpo. Este medo tóxico impregna aquele conjunto de células que recebem todos os dias a mesma informação e vão repetindo a sensação porque funcionam por estímulo e resposta, como tudo na vida.

Chega uma hora em que basta você assistir a um filme em que há um personagem pai para você sentir medo, ou basta ler um anúncio sobre o dia dos pais e este medo volta. E junto um nó no estômago.

No mundo das imagens não é diferente. As imagens vão se acumulando e mudando de representações dentro das suas vivências diárias. Eu explico: esta emoção pode começar a ser simbolizada por um cachorro bravo. Depois, ele pode ganhar uma coleira pontiaguda, seguida de uma corrente pesada. Mais tarde, este cachorro pode mudar de cara e virar um pitbull, um dia ganhar orelhas de doberman e assim por diante... até se transformar numa onça, por exemplo.

Quero dizer, enfim, que esta imagem pode ficar cada vez mais potente, intensa, aguda, tornando-se uma força psíquica tão poderosa e real como se ela tivesse vida. É o que eu vejo no inconsciente das pessoas de forma clara e bem definida.

Algumas imagens chegam a assustar com suas caras, bocas e patas cheias de garras afiadas. Dão medo, pavor, pânico. E ainda podem piorar. Produzir um monstro humano preso numa torre apertada com grilhões e pesadas correntes de ferro, um monstro de cara retorcida, cruel e angustiada. Ou um nazista sobre um cavalo preto muito bravo com cara de predador.

Seja qual for a sua face, elas ficam girando dia e noite, noite e dia, pelo espaço infinito da mente numa holografia poderosa, trazendo as tais sensações físicas de que falamos. E de tanto martelar, martelar e martelar no mesmo arquipélago de células, acaba causando o que os médicos chamam de doenças.

As doenças do nosso corpo físico estão também na nossa mente e só poderão ser curadas se tratadas nos dois territórios. Se a dor for combatida só no físico, ela volta até em outro lugar do corpo, porque as imagens permanecem lá.

Elas continuam a repetir o padrão emocional, criando matéria, energia, forma, vida, dentro desse sistema que não tem julgamento e, por isso mesmo, não sabe o que é bom ou ruim para você. Este sistema apenas capta o sinal, faz analogias, cria sensações e imagens e as repete, repete, repete sem parar.

Vejo essas imagens nos meus clientes de forma tão nítida que não posso duvidar. Tenho mais de mil casos analisados e gravados em fitas de áudio, para quem quiser ouvir e constatar.

A inteligência da imaginação

Vida é movimento. É processo. É andamento.

O que seria da vida sem emoção, seu principal combustível? E as emoções são obtidas nos relacionamentos. Com tudo e com todos. Com os peixes do mar. Com Deus. Consigo. Com os outros.

No mundo interior, você já viu como o ser lida com estas emoções. No exterior, vivencia relacionamentos que, de modo geral, repetem o padrão energético dos seus arquipélagos internos.

Se eles forem positivos, ótimo! Sua vida tende a acontecer num padrão vibratório positivo.

Porém, como a imaginação não julga nem analisa, ela pode enviar a força energética de arquipélagos obscenos, doidos, sofridos, magoados. Segredos tóxicos que levam o ser a buscar relações ou vícios que produzam este tipo insalubre de carga energética.

A repetição sistemática pode ocasionar as mesmas doenças, as dependências, as reações indesejáveis que destroem laços tão vitais quanto o de pais e filhos, por exemplo.

A IMAGINAÇÃO É O LUGAR ONDE ESTOCAMOS AS REPRESENTAÇÕES HOLOGRÁFICAS DAS NOSSAS EMOÇÕES. Portanto, é a ela que devemos nos dirigir quando queremos re-significar a nossa existência e colocar luz num oceano profundo que pode estar acolhendo arquipélagos indesejáveis.

O primeiro passo é identificar o que você quer. Para isso feche os olhos e pergunte a si próprio: O QUE EU QUERO?

Encontrou a resposta? Então você está apto para o segundo passo, que é repetir a sua intenção: EU QUERO SAIR DESSE MEU CÍRCULO VICIOSO NO QUAL A MINHA VIDA ENTROU.

Seja mais específico: EU QUERO EMAGRECER, por exemplo. Ótimo, você encontrou uma forma de colocar numa palavra o que você quer.

Agora, feche os olhos e se pergunte: QUE IMAGEM OU IMAGENS A GORDURA TEM PARA MIM? Um barril cheio de pólvora? Uma melancia? Uma criança sempre disputada por dois adultos que puxam seus braços dos dois lados esticando e alargando todo o seu corpo?

Tem dificuldade em ver imagens? Tente ouvir, sentir que parte do seu corpo, que som, que cheiro esta palavra tem. Pegue tecidos e sinta que textura esta palavra tem. Pegue lápis de cor e escolha a cor que esta palavra possui. Vamos, esta palavra precisa ter algo que a represente no seu mundo da imaginação.

Agora, vamos fazer o exercício para trabalhar esta imagem até que ela seja refotografada pelas pequenas câmaras (células) e libertada do arquipélago das células semelhantes. Até que se torne parte do inconsciente e se repita, repita, repita, modificando as sensações físicas e o curso da vida.

Importante: escolha muito bem as palavras. Cada palavra que falamos se agrega a uma imagem correspondente. Até aí, você já deve ter entendido. Mas o interessante é que esta imagem nem sempre corresponde àquela que a palavra quer expressar. Por isso, tome cuidado com o que você diz. As palavras criam energias que ficam registradas na nossa mente.

Quando você disser ABUNDÂNCIA, veja a imagem daquilo que você deseja: um saco de moedas de ouro, uma floresta de eucaliptos saudáveis, ou uma porção de telefonemas solicitando o seu trabalho. O que você quer? Seja preciso nas palavras e nas imagens. Porque, se você não for, a sua mente tratará de criar uma imagem conforme os referenciais dela.

Se você está de acordo comigo de que a *linguagem da mente é feita de imagens* e a *do corpo, de sensações*, creio que está pronto para começar a praticar alguns exercícios que tenho para você. Mas, antes, reflita só mais um pouquinho.

Capítulo 2

O pensamento, o ego e o ser superior

O homem já explorou ao máximo os recursos da sua inteligência para modificar o ambiente externo. O que falta?

Dessalinizar a água do mar em quantidades suficientes para abastecer todo o nosso planeta? O ser humano já sabe como fazer isso. O que se discute é apenas o custo desse projeto.

O que mais queremos? Um combustível que substitua o petróleo? Alguns homens já conhecem este combustível, porém falta vontade ou força política para lançá-lo no mercado.

O que está faltando, de verdade?

Conhecer a fundo o nosso mundo interno e entender definitivamente que somos clones de Deus, de seres Divinos, de forças inspiradas, seja o que você quiser chamar.

A descoberta do mundo interno

Somos perfeitos, leves, amáveis, adoráveis. SOMOS AMOROSOS. SABEMOS DE TUDO SOBRE NÓS. SABEMOS QUEM SOMOS E PARA ONDE VAMOS.

Temos todo o poder que queremos para realizar o nosso plano de felicidade.

Mas o que nos prende? Que gancho nos segura?

Que força poderosa é esta que nos permite negar tudo isso, ignorar nossa leveza e carregar no nosso corpo e na nossa mente padrões de comportamentos, hábitos, atitudes que nos escravizam e nos tornam infelizes, mesmo tendo alcançado um desenvolvimento espetacular na área da ciência, da tecnologia, até do conhecimento do funcionamento do organismo humano?

O que nos segura é o esgotamento da procura no mundo externo.

Por mais que a medicina progrida, ela não consegue fazer um ser humano parar de beber, se ele não quiser. Não consegue impedir que o câncer se desenvolva nos corpos. Não consegue fazer o coração voltar a bater para sempre. Por quê?

Porque os motores que movimentam o corpo humano não estão no corpo humano. Estão na mente humana, extra-humana, sobre-humana.

CHEGOU A HORA DE A CIÊNCIA VOLTAR-SE PARA ESTE MUNDO, O MUNDO DA MENTE HUMANA.

Um dia vamos entender por que um braço amputado de um paciente acidentado continua a doer, mesmo não estando mais dependurado no ombro.

Quem dá as cartas

Os pensamentos povoam a nossa mente noite e dia. Ficam girando para lá e para cá. Encadeiam-se em seqüências lógicas ou ilógicas. Buscam informações no passado, no presente, no futuro para adquirir cada vez mais força e potência.

E vão crescendo, moendo, doendo, criando forma e movimento até que, pumba! Transbordam do cofre dos nossos segredos e se materializam em palavras e movimentos.

Costumo dizer que os pensamentos moram dentro de uma bola que vive no nosso ombro e recebe o nome de EGO.

O EGO tem dois departamentos. O departamento do EGO negativo e o do EGO positivo, que vamos chamar de consciência ou lucidez.

O EGO positivo gerencia os pensamentos bons e que, ao serem transformados em palavras ou obras, beneficiam todo o mundo, a começar por nós.

O EGO negativo administra os pensamentos que consideramos malignos, aqueles que destilam os hormônios do nosso corpo e causam ódio, desamor, raiva, mais raiva e tanta raiva que a gente quer matar o primeiro a cruzar nosso caminho.

Os dois departamentos do EGO às vezes lutam entre si, deixando a pessoa inquieta, insegura, rancorosa, medrosa e impotente.

O consciente pode ir intermediando este jogo. A consciência mora em todo o nosso SER e é encontrada também no bom senso, no equilíbrio, na verdade.

Mas nem sempre o consciente sozinho consegue ganhar a luta. E quem pode estabelecer a verdade?

Para uns, a verdade pode ser matar. Para outros pode ser perdoar. Seu coração, suas sensações físicas, sua saúde, seus relacionamentos, tudo isso espelha a sua verdade. Quanta gente estava vivendo na "SUA" mentira e acabou doente!

Alguém pode (e muito!) intermediar os conflitos entre os dois EGOS. E não está fora de você. Está em você. Dentro, acima, abaixo, infinitamente poderoso.

Quem comanda estes dois EGOS chama-se SER DIVINO, SER SUPERIOR, ALMA, ESPÍRITO, ou ainda, AMOR.

Ele se encarrega de moderar os pensamentos, seja do lado que for, e assinar a sentença do "FIQUE OU FUJA".

Todos nascemos com uma alma sábia, ancestral, capaz de estar em todos os lados ao mesmo tempo e saber o que você sente hoje, amanhã e daqui a mil anos. Capaz de guardar os detalhes emocionais que você viveu há milhões de anos quando ainda fazia parte da estrela que viraria um dia um pozinho no qual você deslizou para este planeta chamado Terra.

Sua alma sabe tudo, tudo, tudo e quer falar com você todos os dias. Às vezes consegue durante o sonho, quando você vê, sente e ouve as imagens, as metáforas, os símbolos, os sons, as cores, os sinais que formam a linguagem da alma. E também da imaginação.

A imaginação é, portanto, a casa da ALMA, a casa do nosso Divino. É neste lugar que as imagens existem e para ele vamos quando fechamos os olhos e praticamos os exercícios com imagens mentais.

As três casas

Temos, em suma, três casas a nosso ser:

* As casas dos EGOS: negativo e positivo.
* A casa da ALMA.

O ideal é que essas três casas se comuniquem todos os dias e as duas primeiras enviem a verdade para a casa da ALMA a fim de que esta possa reagir sobre a verdade.

Veja só: a casa da ALMA é um campo ilimitado. Suas holografias abrem possibilidades múltiplas a cada nova referência ou percepção. É o país das maravilhas de Alice, onde tudo pode acontecer sem causar nenhum espanto.

A alma não tem julgamento, não entende a diferença entre "SOU UM LIXO" ou "SOU BACANA". Para ela, tudo o que vier do consciente tem de ser processado. Deste modo, a alma atua na busca de situações que vão fazendo uma pessoa sentir-se cada vez mais um lixo: pessoas que o desprezam, colegas que o desrespeitam, salários incompatíveis. Ou cada vez mais bacana.

A mente não é má.

Nosso EGO é que entende mal as coisas. Olha com uma visão estreita, egoísta, voltada para servir o mundo exterior.

A alma não julga

Um exemplo para deixar bem claro minha teoria de que a alma não julga; quem o faz são as casas dos EGOS. Mas por não terem poder de liberar enzimas, hormônios, em outras palavras, não terem acesso aos sistemas orgânicos, passam a ordem de execução para a casa do DIVINO.

Vamos imaginar uma pessoa obesa que não pode comer mais de mil calorias por dia.

Os pensamentos começam a fomentar, trazendo o desejo de comer um doce de creme que tem 800 calorias. A briga da casa dos EGOS começa. O EGO positivo (consciência) relaciona todas as desvantagens de comer aquele doce.

O EGO negativo não se convence com as argumentações do EGO positivo e o desejo cresce. A boca se enche de saliva – olha a casa superior liberando os líquidos digestivos, já prevendo quem vai vencer a discussão.

Os olhos se abrem, as pupilas dilatam. As mãos caminham em direção ao doce, a saliva aumenta, o coração bate forte. Todo o sistema está pronto para atacar em vez de fugir.

E o prazer que a pessoa sente ao devorar o doce é tudo o que ela precisava para acalmar seus pensamentos e ter um momento de paz, alegria, alívio do estresse... um momento que dura muito pouco. Em seguida, vêm a culpa, a frustração, a autopunição, a tristeza, a derrota...

E os pensamentos recomeçam num circuito já conhecido até levar a pessoa a outro pedaço de bolo, a um copo de bebida, à droga, ao dinheiro, ao poder, ao possuir, ao comprar... é tudo mais ou menos a mesma coisa.

Talvez você esteja se perguntando: mas por que o EGO negativo sempre vence?

Porque ele repetia a mesma coisa havia tanto tempo e com tamanha insistência que seu conjunto imagético está muito mais fortalecido e presente do que a própria consciência.

Agora, dá para entender por que os governos querem o povo cada dia mais inconsciente; por que as religiões repetem, repetem, repetem a culpa e os sacrifícios em detrimento da liberdade: é assim que se constroem os escravos obedientes que ajudam o sistema a seguir em frente sem contestação.

Capítulo 3

No universo das imagens

As imagens são expressões de sentimentos e emoções. Sempre fizeram e farão parte da história da humanidade. Quando um artista concebe uma imagem na tela, no barro ou na madeira, ele está revelando o seu mundo imagético interno e todo o seu significado particular e coletivo.

O poeta é um talentoso mestre que consegue descrever imagens por meio das palavras.

Os sonhos de cada um de nós, todas as noites, revelam a imensidão de símbolos e metáforas que arquivamos na nossa mente.

Depois de visualizar estas imagens por alguns anos, chego a pensar que os conflitos básicos do ser humano são parecidos e passam sempre pelo núcleo familiar. Freud tinha razão ao apontar as áreas mais delicadas: sexo, dinheiro, pai e mãe. Mas cada povo usa os recursos da própria cultura para narrar esses conflitos. O inconsciente de um oriental tem um ritmo bem diferente do nosso. Vêm-se muito hierarquia e obstinação.

O do americano é formado por personagens de Disney, cidades grandes, longas avenidas, neve, músicas de natal, conflitos relacionados à guerra, à solidão, à falta dos pais.

O grande referencial do europeu é a Idade Média. Seu inconsciente está cheio de pedras, cavaleiros, muralhas e castelos. A relação com pai e mãe aparece, em geral, de forma muito sofrida e fechada.

Já o brasileiro costuma apresentar um inconsciente mais alegre e colorido – a menos que esteja deprimido ou sofrendo de doenças graves. Enquanto o europeu se vê fechado por muralhas enormes, para os brasileiros essas muralhas não são tão altas e há sempre uma janelinha por onde entra a luz, o sol, além de mar, pássaros...

Há muitas diferenças entre as imagens do homem, da mulher, da criança, do adolescente.

O inconsciente de um engenheiro geralmente é povoado de cimento, terra, construções, motores, automóveis. O do físico pode estar repleto de cápsulas espaciais, vapores, líquido, éter.

Mulheres subjugadas aparecem, muitas vezes, no tamanho de um dedal ou de um amendoim diante de figuras gigantescas. Outras vezes trazem uma venda preta sobre os olhos, algemas no corpo todo ou estão presas sob pedras.

Pessoas deprimidas, independentemente da idade ou do sexo, podem revelar imagens escuras, que transcorrem em calabouços ou galerias embaixo da terra. É comum aparecerem carregando um saco de pedras nas costas. Outra imagem que surge muito no inconsciente dos deprimidos lembra a de São Sebastião: o coração todo flechado ou cheio de espadas.

Entrar na mente das pessoas tem me levado a descobertas curiosas. Por exemplo: no inconsciente das mulheres que se vestem muito de preto, essa cor predomina. Como na relação simbólica das cores o preto representa luto, é natural arquivar as vivências em que essa cor esteja presente dentro da "pasta" tristeza, depressão, perda. Portanto, temos de ter muito cuidado com as cores que usamos.

Nas crianças, nem sempre se encontram a alegria e a fantasia esperadas. Já atendi filhos de clientes de quatro a sete anos e pude notar conflitos de fechamento, de obstinação por uma tarefa repetitiva, ausência de liberdade. Algumas já estão condicionadas, têm medos, sentem-se até derrotadas diante de figuras gigantescas, que é a forma como elas vêem os adultos.

Infelizmente, o ser humano guarda muito mais aquilo que lhe faz mal. São raras as pessoas que preservam apenas as imagens de alegria.

Outros olhos

O mais interessante, porém, é que o inconsciente não pára de trabalhar nunca. Já acompanhei pacientes em coma e sua mente não estava sincronizada com a dor e o sofrimento. O corpo físico agonizava nos momentos finais da vida, mas as imagens mentais mostravam o sujeito dançando, correndo em campos abertos.

Essa descoberta é valiosa: se o doente acreditar nisso e deixar o inconsciente guiá-lo, dará muitas risadas, sentirá seu corpo mais leve, não dará tanta importância ao palpável.

Acreditar é importante porque o inconsciente depende da sua fé. Você não o vê, nem pode tocá-lo. Tem de dar espaço para ele se expressar por suas palavras e seus atos.

Algumas pessoas querem entender o inconsciente de uma forma racional, temporal e lógica. O oposto exato do que ele é. O inconsciente é inacessível à razão, atemporal e analógico. Seu conteúdo são símbolos, metáforas, composições de um paraíso onírico onde tudo é possível.

Uma imagem sua, uma criança de um ano morando dentro de uma laranja não faz nenhum sentido aos olhos da razão. É uma loucura! Tem de ser lida com outros olhos, os olhos do coração.

Pode ser que a fruta faça lembrar seu pai, que plantava laranjas quando você era pequeno e as vendia aos espremedores de suco. Eis a analogia. Quando o coração fala, aparece a sensação: Que emoção tem essa criancinha sentada dentro de uma laranja? Ela está feliz, angustiada, solitária?

Toda vez que uma pessoa identifica a imagem, toma posse dela e faz com ela o que quiser.

A chave, portanto, é descobrir a tendência do seu inconsciente. Para onde ele o está levando? Que vícios o obriga a repetir? Que pensamentos está gerando?

Se você vive dizendo que nada para você dá certo, a vida é uma desgraça, lá dentro, com certeza, tem imagens de perdedor. Ciente disso, você pode começar a limpar essas imagens, trocá-las por outras em que apareça como vencedor, que também devem estar em algum lugar da sua mente, embora você esteja privilegiando as que confirmam sua derrota. Mas, se fechar os olhos e se vir ganhando, sairá vitorioso.

Vejamos outro exemplo: uma pessoa sente-se como um pedinte, um miserável, sem nada a oferecer, incapaz de consolidar qualquer coisa. Se fizer a imagem de que é um mendigo e alguém se aproxima para cuidar dela, trazer comida, agasalho, roupas novas, arranjar-lhe um emprego, o rosto da pessoa se descontrai, ela sorri, abre as mãos.

Repetindo esse comando ao longo de vários dias, começam a ocorrer transformações notáveis. A própria pessoa reconhece: "É incrível como a minha vida mudou". É a isto que eu chamo de cura: mudou a programação imagética, o filme que se passava lá na mente.

Embora eu prefira atuar na prevenção, trabalhando os estados emocionais antes de a doença acontecer, não tenho a menor dúvida:

AS IMAGENS PODEM CURAR.

Grávida

*Ela entrou no meu espaço
com os olhos brilhando de embaraço
e me disse como quem confessa:
— Não consigo ficar grávida.*

*Fechei os olhos e vi suas mãos, longas e frágeis,
deitando sangue pelas dez unhas que,
de tão roídas, choravam.*

*Pedi a ela:
— Feche seus olhos, menina, e veja nascer
de cada uma das suas unhas uma
gérbera encarnada.*

Parte 2

Lendo o Inconsciente

Talvez você esteja se perguntando: Como ter acesso às imagens guardadas no inconsciente? Existem muitas maneiras. Os sonhos, por exemplo, permitem ingresso diário nestas imagens. Várias técnicas de respiração também possibilitam isso. A arte e a poesia revelam com perfeição o que está dentro de nós. Você mesma pode fechar os olhos neste instante e se perguntar: Que imagem tenho de tal pessoa ou daquele sentimento ou daquela situação? Certamente, perceberá, sentirá, ouvirá ou verá algum sinal imagético como resposta.

A leitura do inconsciente foi uma das formas que encontrei para chegar lá. É um caminho muito particular porque resulta de um dom que recebi do Pai. Infelizmente, não dá para ensiná-lo.

Depois de muito pesquisar, estudar e compreender, transformei esse dom numa técnica que comparo a uma ultra-sonografia do inconsciente. Por meio desta técnica, vou relatando estas holografias mentais como se fossem um filme, um álbum repleto de fotos em movimento.

Para iniciar a visualização concentro minha atenção numa tela branca imaginária e as imagens começam a desfilar na frente dos meus olhos. A cada encontro podem surgir dezenas de imagens que passam rapidamente diante de mim em várias dimensões, cores, movimentos, símbolos, metáforas infinitamente belas, repletas de detalhes e desenhos magníficos.

A prática tem mostrado que estas leituras ajudam muito a descobrir o padrão que está gravado no inconsciente, fazendo com que muitas vezes se repita um comportamento diferente do que gostaria de adotar. Ou você acha que alguém gosta de ser perdedor, de sabotar seus esforços, de abandonar na metade tudo o que inicia?

Depois que esse padrão é identificado, sugiro um exercício de imagens para desmanchá-lo, dinamitar o que está atrapalhando seus objetivos. Esses exercícios devem ser feitos por um tempo determinado até que a mente grave esta chave, a solução para o teorema. Então, a pessoa retorna ao consultório, faz uma nova leitura e aprende outro exercício para continuar trabalhando seu inconsciente.

As imagens também podem ser utilizadas num trabalho de terapia de longo prazo e os resultados têm me trazido muita satisfação. Segundo os psicólogos que me encaminham pacientes atravessando um processo lento de descoberta de si, as imagens reveladas aceleram muito o autoconhecimento, abrindo novas portas e trazendo à tona antigos mistérios.

Seja como for, o importante é levar luz cada vez mais ao inconsciente, para que possamos identificar tudo o que ele está criando, sentindo, reciclando, mudando, acrescentando, incluindo ou excluindo do rumo das nossas vidas.

A prática continuada dos exercícios e os bons resultados obtidos mostram que a mente é obediente, capaz de mudar seu conteúdo imagético negativo, senão completamente, pelo menos afastá-lo e substituí-lo por outro conjunto de imagens mais positivas. E desse modo, atestam que o comando da vida vem de dentro. Com isso, a pessoa descobre o seu poder interior e percebe que tem todas as condições de ser o seu próprio herói.

Agregar à rotina os exercícios mentais que pratico e aprendi com o dr. Gerald Epstein e com sua mestra madame Colette Aboulker Muscat é uma providência curta e instantânea que ajuda muito a preservar a saúde física e mental.

Será mais fácil entender como tudo acontece usando exemplos. A seguir, você encontrará as leituras das imagens mentais de quatro pessoas diferentes, os exercícios sugeridos em cada caso e os depoimentos em que elas contam como esse processo mudou suas vidas.

Imagine que a pessoa está sentada à minha frente, de olhos abertos, ouvindo a descrição destas imagens, que é registrada num gravador. Vou narrando tudo o que vejo, buscando o pormenor, o detalhe mais apurado. Fico atenta às portas fechadas e espero que elas se abram. Acompanho o vôo dos pássaros ou o rastejar lento e pesado de uma cobra. Respeito os versos ou as rimas que existem em profusão, permeando as imagens, costurando as cenas, narrando os momentos.

Acompanhe comigo alguns momentos destas leituras, gentilmente cedidas para ilustrar este livro. As imagens de outras pessoas podem falar muito de você também. Afinal, somos todos um.

Boutros – Um universo completo

Boutros me procurou para apressar seu processo de autoconhecimento que, a bem da verdade, já estava bastante avançado. Foi o que pude constatar depois de ler as imagens gravadas no seu inconsciente.

A leitura

"Ao entrar na mente de Boutros, vislumbro um gigante muito, muito alto e magro, com uns dez metros de altura, que tem pendurados no seu terno, na sua roupa social, milhares de bonequinhos, seres pequeninos trabalhando ao redor do seu corpo.

Cada pessoinha tem sua função num lufa-lufa incansável de subir, descer, ajustar, apertar, arrumar. Parece um quadro do pintor holandês Bosch, na quantidade de elementos que se interpenetram.

O interessante é que o gigante olha tudo isso, assim 'de lado', com simpatia e um sorriso nos lábios, como alguém que gosta de ver algo sendo construído, edificado nele. Transmite a impressão de alegria, bem-estar, felicidade e aceitação.

Um daqueles pequeninos homens está no ombro do gigante. Sobe uma escada para chegar ao ouvido esquerdo dele e coloca lá dentro um óleo com uma bombinha de bico longo, como as que se usavam antigamente para lubrificar motores.

No outro ombro, também há um homenzinho. Mas o gigante dá um peteleco nele com a unha e põe esta pessoa para fora.

A imagem é de um ser em eterna construção, manutenção, sempre cuidando de si e sendo cuidado, analisado e olhado por outros.

Quando essas pessoazinhas começam a fazer peso demais, o gigante se livra delas como quem se livra de uma formiga ou de um carrapato."

Outras imagens surgiram ao longo do encontro. Ao final, perguntei se gostaria de voltar a alguma delas em específico. Ele quis mais dados sobre a cena da manutenção dos seus ouvidos. Vinha sentindo uma perda auditiva, principalmente no ouvido direito, mas os médicos não encontraram nenhuma explicação fisiológica para o problema. Descobrimos que seu inconsciente já vinha cuidando do ouvido esquerdo. Agora, ele precisava cuidar do direito.

Sugeri exercícios específicos para melhorar sua audição.

Então, Boutros compartilhou comigo uns desenhos que havia feito há alguns anos. Tirou-os de uma pastinha e neles eu fui reconhecendo imagens que tinha visto no inconsciente dele: personagens que se misturavam uns aos outros, paisagens que entravam em buracos e saíam do outro lado em forma de pássaros, cavaleiros medievais que se transformavam em deuses hindus, cavalos alados...

Concluí, naquele instante, que Boutros estava havia muito tempo em contato com as imagens do seu inconsciente e não precisava de mim para vê-las.

Ele as reproduzia no papel, seguidamente, em movimentos lineares ou na diagonal. Isso, ele me explicou depois, dizendo que nunca planejava nenhuma destas ilustrações. As figuras simplesmente brotavam da ponta do seu lápis, criando forma e movimento no papel.

Não é incrível? Pedi sua autorização para reproduzir algumas. Olhe com calma a ilustração que vem a seguir, e leia o depoimento do próprio Boutros.

O depoimento

"Ouvi falar do trabalho da Izabel por intermédio de uma amiga. Senti que eu tinha de conhecê-la. Sem pestanejar, marquei um horário com ela. Foi uma decisão repentina e imediata.

Na ocasião, queria esclarecer algumas questões ligadas à minha vida profissional. Algo estava bloqueando o desabrochar do meu talento. Aos 55 anos, sentia que tinha muito para contribuir com os outros e comigo mesmo.

No dia marcado, fui ao encontro de Izabel sem saber o que descobriria. Mas, fora o meu nome completo e o da amiga que a tinha recomendado, não contei nada a ela antes da leitura do inconsciente. Todas as imagens que me foram reveladas tinham algo em comum e falavam claramente sobre a minha realidade.

Alguns anos atrás, depois de uma grande transformação na minha vida pessoal e profissional, em conseqüência de uma separação, procurei me entender melhor. Passei a freqüentar a seção de psicologia das livrarias que antes eu evitava, fiz diversos cursos e participei de *workshops*. Encomendei também, pela primeira vez, o meu mapa astral. Então fiquei sabendo que atravessava um período de autoconhecimento profundo e em 2001 iniciaria um novo ciclo em que a parte profissional deslancharia de uma forma que eu nem poderia imaginar.

Coincidência ou não, estive com Izabel no dia 11 de dezembro de 2000 e os exercícios de 21 dias que ela me deu terminaram exatamente no primeiro dia de 2001.

O trabalho que ela faz tem uma riqueza de conteúdo muito grande. E seu cuidado com detalhes atesta a veracidade de cada imagem e sua sintonia com a nossa realidade interior.

Mexer com o inconsciente não é fácil, mas sem dúvida já posso notar grandes mudanças em aspectos meus, interiores..."

Ana - A segunda chance

Pelo jeito como entrou no meu espaço, logo percebi que Ana era uma profissional vencedora. Seu olhar, no entanto, parecia triste e distante. Que imagens a estariam impedindo de vencer no campo emocional com a mesma determinação que lhe trazia tanto sucesso no campo profissional? O que a impedia de se entregar ao homem amado?

1º ENCONTRO
Criatividade aprisionada

A leitura

"Na mente de Ana ela aparece andando na masmorra de um antigo castelo.

Há uma torre medieval feita de pedra, muito, muito alta. O telhado, de barro, compõe-se de telhas novas e modernas. O castelo tem o formato de um gigantesco cacto e a torre onde você está é um braço desse cacto. Ali, há uma grade de ferro, como se fosse uma prisão. Você anda de um lado para o outro, inquieta com o espaço limitado, a falta de liberdade.

Esse enorme cacto verde, cheio de espinhos, é posto num vaso pequenino do tamanho de um dedal. Esse vaso se transforma numa águia enorme que está voando num lindo céu azul. Nas garras, ela segura uma pequena mala de duas alças semelhante a uma lancheira escolar. É dura, de papelão preto, e tem os cantos de prata batido com rebites. As alças também são de prata. A princípio, parece uma mala frágil mas tem acabamento perfeito. Assim como a torre, de pedra com o telhado novo, perfeito.

A águia está voando. Bate as grandes asas com força. Voa num desfiladeiro entre dois penhascos, indo de um lado para o outro com a mala nas garras. Mas parece que perdeu a altitude e o rumo. Não sabe para onde ir... Não encontra a saída para o grande vôo.

Esta cena se funde com a de uma menininha de dois ou três anos segurando uma lancheirinha na porta de uma escola. Usa um vestidinho no meio da canela e anda de um lado para o outro diante de um portão de madeira com fechadura e maçaneta de ferro. Este portão é alto para a menina. Ela quer entrar, mas não alcança a maçaneta, mesmo ficando na pontinha dos pés. E não tem ninguém para ajudá-la. Sua ansiedade vai aumentando. Ela olha pela fresta lateral entre o portão e o muro e tem uma visão parcial da casa. Mas é curiosa, gosta de saber as coisas por inteiro e não se contenta com uma simples fresta.

Um cachorro pastor preto começa a latir lá dentro. A menina se assusta. Mas olha pela fresta e percebe que ele está preso por uma corrente que lhe permite andar pelo corredor, mas não chegar até o portão. Resolve tentar mais uma vez. Cheia de confiança, ela consegue finalmente bater a mão na maçaneta e o portão se abre. Ela se vê frente a frente com o cachorro. Calcula exatamente até onde o animal pode chegar, vai andando rente ao muro e consegue entrar na casa e fechar a porta antes que o cachorro a alcance.

Está ofegante! Explora a sala com o olhar. A casa está bastante organizada. Tímida, anda com as costinhas na parede, não atravessa a sala como se fosse sua. Parece reservada, apesar de corajosa por ter conseguido entrar ali.

Passa pela sala de jantar, chega ao pé da escada e olha lá para cima. Sobe pé ante pé até chegar num corredor escuro onde há duas portas. Abre um pouquinho a da direita e vê uma cama com um casal deitado, dormindo. Ao abrir a porta da esquerda, depara-se com o mesmo casal, só que cada um na sua cama.

Ela está lendo, deitada na cama, e ele presta atenção. Parece algo muito importante. Até que fecham o livro, dizem boa-noite, desligam o abajur e abrem uma gavetinha do criado mudo de onde tiram aqueles 'óculos de avião'. Fazem tudo ao mesmo tempo, em movimentos sincronizados, como dois robôs. Eles se abraçam mecanicamente, viram de costas, dormem, acordam e levantam da cama, sempre ao mesmo tempo. Há neste quarto uma parceria de irmãos gêmeos. Um faz o que o outro faz. Tudo é espelhado.

Parece que a única coisa viva nesta casa é o cachorro. O resto é tudo mecanizado. Falta a vibração humana de poder errar, tropeçar, cair, beijar, falar bobagem. São duas pessoas idênticas nos gestos, nos objetivos. Tudo está em ordem.

Na garagem, há dois carros idênticos. O casal se despede e sai, cada um dirigindo o seu automóvel. É um estilo de vida muito americano, rotineiro, ritualizado, disciplinado e cordial.

Quando saem da vila e cada um vai para um lado, uma nítida fronteira divide a cena. Na casa, a imagem era em preto-e-branco. Quando se separam, e ela está livre, a imagem torna-se colorida. Tem sol, campos verdes, araras, um paraíso tropical."

Aqui está o exercício que dei para Ana fazer durante 21 dias, duas vezes ao dia.

Exercício para romper com a escuridão

Imagine-se num espaço escuro e sinta o desconforto de estar ali. Respire uma vez, dê um passo à frente e veja, sinta ou imagine um paraíso cheio de sol, plantas, flores e vida.

Respire uma vez e ande em direção a um magnífico horizonte banhado e iluminado pelos raios de sol, certa de que saiu do isolamento.

Então, respire e abra os olhos.

2º ENCONTRO
Vaivém da mente

Alguns meses se passaram até que Ana voltasse a me procurar. Ao vê-la, senti que algo estava mudando e fui logo conferir as imagem da sua mente. Mas continuava ainda um pouco perdida em relação à sua entrega ao outro.

A leitura

"Vejo você lavando as janelas de um prédio de vidro, sentada numa daquelas cadeirinhas apropriadas para isso. Se o prédio tiver 20 andares, você limpa o 18º andar. Os vidros estão sujos e embaçados. Com um rodinho e uma esponja você os deixa absolutamente limpos. Lava detalhe por detalhe. Os vidros ficam reluzentes.

Esse prédio tem quatro faces e é bastante imponente. Na frente dele há um toldo para proteger da chuva quem vem da rua, como nos prédios de Nova Iorque. Pára um carro na frente desse toldo e dele sai um homem baixinho e meio careca com uma pasta na mão. Ele bate a porta do carro com força e caminha apressado para dentro do edifício.

Você desce rápido com a cadeirinha até o chão, tira o cinto de segurança, põe as ferramentas num canto e vai atrás deste homem. A limpeza fica incompleta. Sorrateiramente, você entra no prédio. Parece um hotel. Tem um corredor escuro cheio de portas marrons. À esquerda, encontra a porta de número 19. Gira a maçaneta com a mão esquerda, entra e se esconde. Deseja saber algo, mas não quer ser vista, como se fosse um detetive.

Ali, você vê uma mulher datilografando um documento. O carro da máquina vai e vem, mas não aparece nada impresso. A folha continua em branco. Você fica intrigada. Examina a máquina, os papéis. Não entende por que ela está despendendo uma grande energia num trabalho que não dá resultado."

Quando terminei a leitura, senti uma forte vontade de dar a Ana um novo exercício.

Exercício da conquista da liberdade

Veja, sinta, perceba ou imagine que você tem na sua frente uma máquina de escrever e nela um papel em branco. Respire uma vez e vá escrevendo neste papel, em letras douradas, as três metas mais importantes da sua vida.

Respire e abra os olhos.

Escreva imediatamente as três metas num papel e pendure na frente da sua mesa de trabalho. E todos os dias reescreva essas mesmas três metas ou outras três que por ventura apareçam durante o exercício.

3º ENCONTRO

Ana voltou mais uma vez. Estava bastante excitada para saber o que sua mente havia entendido com seu comando. Sentindo sua pressa, fui diretamente para as imagens. E, como sempre, não fiz nenhuma pergunta antes de começar o trabalho.

IMAGEM 1 – Cabeça no céu, pés na terra

A leitura

"Você está numa praia vasta, de areias brancas, e tem nas mãos um pedacinho de bambu. Calma e delicadamente, você vai rodando esse bambu e desenhando na areia uma enorme espiral. Dirige-se ao centro dela e levanta a espiral da areia. Ela é como uma película, um gel endurecido. Você se cobre com essa espiral. É um recolhimento com liberdade, abertura. Um encapsulamento dentro da espiral.

Você está dentro da espiral e os limites dela são como bambolês de luz ao redor do seu corpo. Você estica essa espiral e também o seu corpo. Alonga, alonga, alonga. Faz um movimento vertical em direção ao ponto extremo dessa abóbada que pode ser o céu.

Gira o seu corpo e gira e gira, como uma bailarina. Põe as mãos sobre o coração. E gira, gira e gira como um peão. Já não está mais claro se você é um ser humano, uma luz, um movimento, ou se é uma *kundalini* que está subindo. Parecem energias, talvez uma chama, saindo da terra em direção ao céu. Suas duas linhas lembram o caduceu, o símbolo da Medicina.

'Cabeça no céu, pés na terra', repete uma voz. E você continua girando, girando e girando. Até que a chama dourada se dilui e entra na abóbada, criando um eixo que se transforma num fio de luz a conectar o marrom da terra e o azul do céu."

IMAGEM 2 – Além do muro

"Você está num tanque de areia e tem nas mãos um rastelo de madeira. Com ele, vai desenhando uma linha contínua e flexível. Aos poucos, essa linha vai se transformando numa espiral. Você põe os dois pés no início desse desenho e mergulha em direção a ele. Torce o corpo em ondas, estica-se e estende, como se fosse uma enorme cobra. Na boca, aberta, traz uma maçã muito vermelha com uma folhinha verde.

Você vai andando, corcoveando, até encontrar uma porta de madeira ovalada com uma argola de ferro. Parece porta de mosteiro. Você sobe por ela e bate a maçã na porta. As duas faces se abrem e surge um jardim. Terra batida, seca e deserta, com oliveiras muito antigas, frutificadas. Azeitonas pretas, verdes, grandes e fortes, estão prontas para a colheita. Lembra o Jardim das Oliveiras, em Jerusalém.

Você entra com a maçã na boca, corcoveando entre as árvores, num movimento sinuoso. Ouve-se o rastejar dessa cobra entre pedrinhas e folhas secas. O barulho faz pensar num véu de noiva se arrastando na nave do altar. A cobra escolhe a oliveira mais alta e sobe traçando um desenho igual ao da primeira imagem (a *kundalini* ou o caduceu).

Chegando bem lá no alto da oliveira, você avista fora do muro de pedras onde estava o grande portal. Percebe que está dentro de uma plantação de oliveiras, que o muro serve para proteger a terra. Mas que além desse limite há uma vastidão. A paisagem não tem fim. Há uma neblina no horizonte, com raios cor de laranja. Como se você finalmente tivesse descoberto que o melhor jeito de viver uma situação é olhar o que tem depois dela. Ou se distanciar para ver as coisas nos seus diferentes tamanhos e dimensões.

Seu inconsciente ampliou a visão. É a hora do seu crescimento, da sua explosão, do seu semear. Você finalmente saiu de uma história limitada, de um contexto pequeno, para se abrir de forma infinita. Expandiu o seu limite. Sem sair do seu jardim das oliveiras, do seu núcleo. O muro continua ali porque traz segurança. É o seu canto, seu porto seguro.

Mas, agora, você sabe que pode subir em cima da árvore mais alta e o que está lá fora também é seu. Pode ficar no chão, pode abrir o portão e sair. Pode fazer o que quiser, porque compreendeu que o habitat do seu ser é o Universo.

Você vai rolando seu corpo e constrói com ele um ninho. Enche de palha, gravetos, folhinhas. O céu anuncia aos pássaros que está no momento da fertilização. As cegonhas fazem seus ninhos nas oliveiras, no ponto mais alto, onde você está, com o corpo enrolado, pronta para ser um ninho. As aves podem vir e acasalar em você.

É um período fértil da sua existência. Fertilidade para a maternidade, mas também para as suas idéias, o seu trabalho, para aquilo que você quer colher mais tarde. Coisas grandes, gigantescas. Por favor, não deixe que nada estrague esse momento magnífico."

IMAGEM 3 – O renascer

"*U*ma menina, de joelhos, com um pauzinho na mão, mexe na água de um rio azul. Eu nunca vi esse tom de azul antes. Fica entre o turquesa, o anil e o verde-água. A água jorra de uma nascente que tem essa cor opaca. Com o pauzinho, ela escreve na água *matter*. A palavra aparece escrita um segundo, depois desaparece, como se fosse volátil. Em vez de água, aquele azul parece formado de um tipo de plasticina.

Daí, você escreve mãe, depois manhã, manha, amazonas... maçã... Maria... manhã de luz... mexe... me dá... meu... minha... maçã... meu... marido... Ao escrever essa última palavra, marido, a plasticina se abre. É como se as letras formassem um código. Bonita essa idéia do *abre-te-sésamo*.

O fundo do rio é um grande espelho ou uma grande rocha de cristal. Você olha nesse espelho e se vê com um longo sorriso. Deita, as costas apoiadas no espelho. Com as mãos sobre o peito e as pernas abertas em posição ginecológica, você faz um parto. Nasce uma criança toda empelicada, que é sinal de muita sorte, fortuna, de vida privilegiada.

Você traz a criança ao peito, beija, abraça e vai limpando, como uma vaca lambe o seu bezerro. Tira o cabelinho, os olhinhos, o nariz e a boquinha para fora dessa pele. É uma criança perfeita. Você a levanta para o céu e dá um grito, aquele grito que os índios dão quando a vitória finalmente chega... Nasce o esperado, a criança que vai resgatar aquele povo, recontar a sua história, o guerreiro."

O depoimento

"Em determinado momento da minha vida, comecei a questionar a forma como vinha conduzindo meu dia-a-dia. Profissionalmente, sentia-me realizada e feliz. Mas no aspecto pessoal estava insatisfeita por deixar em segundo plano meu namorado, meus amigos. Queria fazer novas escolhas, priorizar outras coisas. Mas não sabia como. Uma terapeuta amiga sugeriu que eu procurasse a Izabel.

Foi um encontro surpreendente! A leitura das imagens do meu inconsciente revelou o impasse que eu enfrentava ao tentar equilibrar os dois aspectos da minha vida. O impacto foi tamanho que eu tinha de sabotar a descoberta. Apesar de ser altamente disciplinada, simplesmente não conseguia fazer o exercício. Todas as noites, quando eu sentava para isso, uma voz dentro de mim dizia: 'Por que você vai modificar o que até hoje funcionou tão bem?'. E eu acabava desistindo. Demorei cerca de dois meses para vencer a resistência e começar.

Quando voltei para a segunda leitura, a Izabel me disse que meu inconsciente havia feito um trabalho maravilhoso e detalhado no início, até que algo no mundo externo desviou meu foco. Passou um novo exercício. E a resistência foi ainda maior. Demorei quatro meses para começar. Mas a essa altura eu já percebia que estava em processo de transformação.

A última leitura foi incrível! As mudanças retratadas nas imagens do meu inconsciente já eram notadas pelas pessoas que conviviam comigo. Consegui equilibrar melhor cada segmento da minha vida. Hoje, encontro tempo para conciliar amigos, família, lazer, namorado e trabalho, sabendo e reconhecendo a real importância de cada um deles na minha vida."

Breno - Sucesso sem sabotagem

Chegou no finzinho da tarde, apreensivo porque não sabia muito bem do que se tratava. Breno viu o resultado do trabalho na vida de um amigo e decidiu experimentar. Expliquei como funcionava e comecei a ver suas imagens.

1º ENCONTRO

IMAGEM 1 – Andando em círculos

A leitura

"Vejo você com sete ou oito anos no meio de um quarto cheio de arquivos. Abre as gavetas, desesperadamente, remexendo nas coisas como se estivesse procurando algo perdido. Joga fora papéis, lápis, grafite, lápis de cor, cadernos, ilustrações.

Há um grito parado na sua garganta. Uma legião de palavras que não consegue colocar para fora. Por alguma razão, você não pode dizer o que sente e a raiva fica lá, contida, agitada, inconformada, rebelde.

O menino dá murros na gaveta, que vai ficando deformada e amassada. Ele joga a gaveta pela janela e abre outra. Esvazia essa também, chuta, amassa e joga pela janela. Está totalmente descontrolado. Você vive essa cena dos sete aos quinze anos. É um período da vida em que você busca, busca e não encontra o que quer, embora saiba que tem o que procura.

Abre uma janela que dá para uma parede escura, o interior de um edifício ou o fosso de um elevador. Senta na janela, puxa as pernas na direção do peito e fica lá, sozinho. Há muito aborrecimento, mágoa, incompreensão e um desejo de equilíbrio, mas parece que você ainda não o encontrou.

Você pega uma bicicleta e começa a andar em círculos. O círculo vai se abrindo e se fechando, como se sua mente tivesse limites apertados que você não consegue derrubar, como se estivesse fechado numa espiral que já tentou implodir. Mas a sensação de escuridão e ausência de portas volta sempre."

IMAGEM 2 – Na escuridão

"Agora, você está dentro de um armário escuro e vai tirando umas latas de mantimentos com alguém encarregado de fornecer essas provisões. Põe as latas no colo, abre as tampas e vê poucos cereais. Isso causa uma revolta muito grande e indignação, uma tendência a amassar latas e a quebrar coisas.

A cena anterior se funde com a de um homem vestido de preto carregando uma criança nos ombros como se fosse um saco de batatas. O homem gira a criança enquanto diz palavras em outra língua. Não é inglês, francês, nem alemão.

O menino, de olhos claros e muito arregalados, tem medo de ser um estorvo para alguém. Quer liberdade para encher as suas latas, trazer provisões. Parece que a criança busca a porta para sair dessa situação. Mas permanece presa ali, girando em círculos, nos ombros de um homem de chapéu preto, como um som ecoando sempre igual.

No alto deste porão escuro há uma janela que abre de vez em quando. Por ali jogam pessoas, todas vestidas de preto. O lugar vai ficando lotado de gente. O menino tem luz no olhar, mas é circundado por um ambiente de escuridão. É uma situação de muita angústia. Você quer encontrar algum coisa, mas está impedido. Por mais que se revolte e tente buscar, sua mente coloca uma parede na sua frente. O padrão é fechado, escuro, circular em torno de si próprio. Faltam luz, natureza, cores. Vamos chamar de pessimismo. Eterno questionamento."

Transcrevo abaixo o exercício que sugeri a ele.

Exercício da saída e da solução

Veja, sinta, perceba, imagine ou faça de conta que você está numa bicicleta parada bem no centro de uma espiral traçada no chão. Sinta este aprisionamento que o impede de crescer e comandar sua vida.

Respire uma vez e imagine você pedalando esta bicicleta e saindo desta espiral, girando no sentido horário.

Respire mais uma vez e perceba esta bicicleta rompendo os limites da espiral. Continue pedalando em direção a uma faixa de chegada como as de competição.

Respire mais uma vez e rompa a faixa, vitorioso.

Então, respire e abra os olhos.

2º ENCONTRO

Depois de praticar o exercício sugerido, Breno voltou para conferirmos como estavam suas imagens. Eis algumas delas.

IMAGEM 1 – A taça de ouro

A leitura

"Vejo você num escritório escuro, de paredes pretas. Há uma clarabóia, uma luz vindo da calçada. Você está no meio de um monte de papel, livros e computadores e só fala 'saco, saco, saco'. Parece calouro de universidade estudando para provas.

Ao seu redor há estantes forradas de livros. Na estante abaixo da clarabóia há uma pequena Ferrari vermelha. Parece peça de colecionador. É perfeita e tem um casalzinho dentro.

A Ferrari faz fusão para outra cena: um carro esportivo, com a capota aberta, à noite, céu estrelado. Dentro, um homem e uma mulher conversam romanticamente. É um ambiente dos filmes de Elvis Presley. O carro tem um rádio bastante antigo com um botão prateado. O ponteiro vermelho está no 98,7.

A moça com você é loira, de olhos claros, cabelos compridos e rosto perfeito. Parece com você, como se fosse o seu lado feminino. Ela avisa que a antena do carro está abaixada. Desce do carro e começa a levantar a antena. Há certa desproporção no equilíbrio dessa imagem. É uma Ferrari com uma antena gigantesca de rádio amador. Na ponta dessa antena há um menino dependurado como se fosse uma bandeira.

Ela volta para o carro, começa a mexer no rádio. O seu nome é chamado três ou quatro vezes pelo locutor de notícias. Ele diz: 'Quando você abrir o grande livro na página 29, encontrará tudo o que procurou a vida toda. Vamos, se apresse. Volte já e comece a procurar na página 29'.

Você liga o carro, dá marcha à ré e sai acelerando com muita força. O carro desce uma montanha, desenhando um caminho espiralado. Você guia em alta velocidade, muito confiante, de peito aberto. A linda mulher ao seu lado tem uma echarpe que balança ao vento. É cinematográfico!

Nessa segunda cena, há orgulho, satisfação, o contrário da anterior. Tenho a impressão de que a grande pesquisa daquele cara metido em papéis deu certo. Se fosse um estudante tentando entrar numa faculdade, você passaria e conseguiria.

Você pára o carro embicado na porta de um edifício de vidro, enorme. Diz para a moça que é hora da despedida mas vão continuar amigos e tem algo urgente para fazer. Sai do carro, bate a porta, entra neste edifício e vai subindo as escadas. É uma ascensão muito rápida, embora feita degrau por degrau.

Ao chegar ao topo, há um helicóptero parado, com um menino pendurado na hélice como se fosse uma bandeira humana. Você entra nesse helicóptero e pilota. Voa baixo, olhando a cidade, em direção ao cais, onde há vários contêineres. Pousa o helicóptero, sai com as hélices ainda em movimento e o menino dependurado nelas. Procura algo entre os contêineres.

O ritmo é de um filme de perseguição. Entra num galpão, talvez um depósito de uma indústria têxtil. Há vários rolos de panos coloridos, todos de pé. Você abaixa um por um como se fossem garrafas de boliche e começa a correr em cima deles.

Na sua frente, há uma taça de ouro. Você estende os braços e está quase tocando nela, porém os rolos de tecido funcionam como uma esteira rolante girando em falso. Está perto, mas você não alcança. Com certeza, é algo que procurou muito, já encontrou e falta pouco para integrar."

IMAGEM 2 – Quase chegando lá

"Você caminha na esteira rolante de uma academia. Faz os exercícios com empenho e muita força. Mas noto cansaço, como se estivesse andando há quatro horas e não chegasse a lugar algum. Exausto, no fim de uma maratona, mas sem desistir.

O relógio da academia tem uma medalha de ouro, de honra ao mérito. Você leva o braço em direção à medalha e não consegue alcançá-la, pois a máquina está presa no chão.

A outra imagem é de uma piscina coberta. Você é menino e está na raia 3, preparando-se para competir. Alguém dá o tiro, você mergulha com outros concorrentes e nada feito louco. Ganha a dianteira fácil. Bate a mão na borda do outro lado, volta e quando avista o ponto de chegada alguém esvazia a piscina. Você fica se debatendo no fundo dela sem água. Vem a frustração. Mas o interessante é que não depende de você. É a estrutura que lhe está tirando a possibilidade de conseguir.

A outra imagem é na selva, de árvores com cordas dependuradas como se fossem os cipós do Tarzan. Você passa de corda em corda, com bastante habilidade. Quando chega na última corda que está no galho da grande árvore, pega outra corda e dá um nó embaixo para formar um U. Senta nele e começa a se balançar feito uma criança.

Aí há alegria, contentamento, prazer. Mas o galho do lado esquerdo não suporta o 'peso' de tanta alegria, e começa a ceder. Sua mente mostra um padrão de que 'tanta perfeição é demais para mim'. Algo tem que atrapalhar, fazer com que me sinta ridículo, inadequado. É como se você colocasse em cada cena um sabotador, aquele que na hora H tira a sua segurança, duvida, impede a mente de concretizar o que ela se propõe."

Breno estava quase chegando lá. Mais um exercício e ele se sentiria muito mais seguro e confiante.
Aqui está o que lhe propus.

Exercício da cura do sabotador

Veja, sinta, perceba, imagine ou faça de conta que você entra num hangar, onde existe um helicóptero. Você se aproxima e percebe que há uma criança sentada na asa dele. Vá até a asa e amorosamente tire a criança de lá.

Pegue-a no colo e a leve para dentro da cabina com você.

Saia voando nesse helicóptero.

Mostre à criança os comandos no painel.

Convide a criança para dividir seu grande vôo da vitória.

Deixe a criança participar, mas mostre a ela que você é quem manda. O helicóptero só pode ser comandado por um adulto.

Dirija o helicóptero e discipline esta criança.

Não permita a ela que ponha a mão no comando desse helicóptero.

O comandante é você.

Respire e abra os olhos.

O depoimento

"Um amigo havia feito a leitura das imagens do inconsciente e obtido excelentes resultados. Foi por meio dele que conheci Izabel. Após consultá-la e fazer os exercícios sugeridos, aconteceu uma mudança drástica na minha vida pessoal e profissional.

Encontrei um novo modo de pensar e encarar as coisas. Passei a ser mais assertivo em relação aos meus objetivos. Mudei as atitudes que me impediam de conquistar e realizar tudo de acordo com o meu potencial."

Eduarda – Raízes fazem falta

Clara, loira e com imensos olhos verdes, Eduarda tinha uma beleza incomum. Na primeira vez que a vi, ajeitava a camiseta sobre a calça com a mão direita, tentando disfarçar os quilinhos a mais. Definitivamente, ela estava descontente consigo própria. Suas imagens confirmaram isso.

A leitura:

"Você está empinando uma pipa de papel de seda. Ela sobe, entra nas nuvens, vai para o céu infinito e leva você junto. Você não tem mais os pés no chão. Agora, é como uma grande ave branca sentada na base de um triângulo oco, tranqüila, absolutamente solta. Você balança o triângulo e faz evoluções como uma ginasta. Mas no alto, a terra lá embaixo, distante.

A segunda imagem é você numa canoa num lago cheio de neblina. Não vê nada dos lados, nem na frente e vai remando como na história de Morgana, das *Brumas de Avalon*. Não há visão clara das coisas, como se você andasse às escuras, sem saber para onde vai.

Um anjo rompe essa névoa tocando uma trombeta para anunciar alguma coisa. A bruma se abre e finalmente aparece o sol. Você estava encolhida, adormecida nessa canoa dentro de uma nuvem, enquanto o tempo passava. Até que uma força do céu veio despertá-la do seu paraíso.

Esse anjo começa a girar o barco como se fosse o mostrador de um relógio, girando rápido, girando, como se você e a canoa estivessem sendo sugadas pelo ralo de uma banheira. Ou então como se você pulasse corda tão depressa, mas tão depressa a ponto de criar um túnel e atirar-se dentro dele. Então, você sai voando no céu, sem terra à vista.

Outra imagem é você pequenininha olhando uma caixa de música com uma bailarina rodando em cima. O engraçado é que ela está sem equilíbrio. Segura uma corda para se manter ereta. Está insegura, com medo de cair.

Agora, vejo você, de quatro, subindo uma escadaria para entrar numa montanha branca, uma nuvem de algodão-doce. Lá, não existe terra. É um país encantado, um mundo irreal, de faz-de-conta. Há muito sonho e fantasia. Como observadora desse mundo, você não entra em contato com o que não lhe agrada, não faz confronto e deixa passar.

A última imagem é você tocando uma sanfona. Você abre e fecha, cresce e encolhe, porque suas imagens se passam na dimensão do nada. É tudo muito leve, abstrato, inconsistente. Parece que você está com dificuldade de entrar em contato com o concreto, a realidade, os limites, o controle."

O depoimento

"Procurei Izabel por indicação de uma amiga. Quando ela me contou sobre o trabalho, percebi que era uma forma de buscar o autoconhecimento. E, de fato, no decorrer das leituras, foram 'caindo várias fichas'. Pude compreender atitudes que vinham norteando meu comportamento, minha vida.

Não sei se foi o choque por entrar em contato com um mundo praticamente desconhecido ou por auto-sabotagem, perdi a fita onde estava gravada a primeira leitura e os dois exercícios propostos. Lembrava apenas de um e foi o que eu fiz.

Quando voltei ao consultório, 21 dias depois, foram novas descobertas. Algo começou a mudar em minhas atitudes e escolhas. Mas faltava trabalhar o principal, que nesta leitura ficou explícito: era preciso aterrissar. Eu vivia no mundo das nuvens, sem maiores propósitos.

O trabalho teve um impacto muito grande na minha vida. Tomei coragem, tranquei a faculdade e fui morar em outro país. Aos dezenove anos, resolvi partir em busca de mim mesma. Como ainda não sei o caminho, vou passar por novas experiências que me possibilitem viver e ser feliz."

Helena - A estrada segura

Vi Helena como dois grandes olhos rasos de água e de insegurança. Meus sentidos me diziam que estava insatisfeita com tudo e muito mais, especialmente por não ter encontrado ainda o amor de sua vida.

1º ENCONTRO

IMAGEM 1 – A lágrima de metal

A leitura

"Vejo você com a idade atual, sentada diante de uma mesa, mordendo uma caneta e escrevendo num papel. Você amassa, joga no lixo e começa de novo. Amassa mais uma vez. O lixo já está cheio de bolas de papel amassado. Pela quantidade de papéis eu diria que faz tempo que está tentando começar algo, mas não consegue ir até o fim.

Pega um papel em branco e faz um X de ponta a ponta. Ao redor desse X começa a desenhar pétalas de margaridas. O meio do X é como se fosse o centro da margarida com as pétalas em volta. Até que o X se transforma numa enorme teia de aranha, toda cheia de arquinhos.

Você enfia o dedo indicador por esta teia como se o dedo fosse uma agulha a costurar a teia. Dobra a folha de papel, depois abre e dobra e abre, mais uma vez. Está fazendo origami (dobradura). A flor é moderna e criativa. Parece um lírio.

Você está num pátio e há panelas queimando num fogo extremamente forte. Talvez seja uma olaria. As panelas têm cabos compridos e contêm algum metal que está sendo derretido. Depois, você verte o conteúdo em cuias de barro. Está fazendo uma corrente de bolinhas de metal. O cadinho tem um biquinho e dele escorre um fio mais grosso deste metal que lembra uma lágrima em câmera lenta.

Você cruza um pátio redondo. Está grávida e tem sobre a barriga um avental de couro. Está nos últimos dias de gravidez, já com dificuldade para andar. Você é a chefe deste lugar, cheio de fornos onde panelas derretem um metal.

De repente, começa a sentir dores do parto. Dá um grito, encosta numa das colunas do pátio e senta num carrinho de pedreiro. Um menino empurra esse carrinho para levá-la a algum lugar, mas fica dando voltas no pátio. Aflito, ele quer ajudar, mas não sabe como.

Você faz o seu próprio parto. Tira de dentro de si uma criança com o cabelo cacheado que de tão estática parece uma boneca. Ao longe, vê-se o perfil de um homem. Ele fuma muito e com desespero. Você olha a criança recém-nascida e acha estranho. Ela só mexe o braço direito.

Depois, levanta do carrinho e anda com as pernas abertas como se houvesse um vazio dentro de você. Abaixa a cabeça e faz um exame em si mesma. Depois, apanha pedaços de barro, amassa com as mãos e coloca lá dentro para preencher o vazio.

Um carneirinho entra no pátio. Com a mão esquerda, você mexe a panela do metal e com a direita dá mamadeira ao bichinho. Ele está faminto e mama com avidez. É bonita a cena. Mas você está com a atenção dividida, faz duas coisas ao mesmo tempo. E, apesar do parto, sua barriga continua grande. Começa a varrer o pátio, em formato de espiral. Vai entrando nesta espiral e a imagem se dissolve.

A outra imagem é um lago de grandes dimensões. Você caminha ao redor dele. Põe as mãos nas costas como se estivesse com dor nos rins. Olha a barriga e percebe que está crescendo, crescendo até ficar maior do que você. Sobre a barriga aparece aquele desenho do X, da teia de aranha. É como se uma força puxasse esta barriga para cima. A barriga paira no ar e você não consegue mais andar. Eis que dois cupidos aparecem e atiram flechas na sua barriga. Elas entram pelo seu umbigo. Você flutua ao redor desse lago e sua barriga é suspensa pelos dois cupidos."

IMAGEM 2 – Sem sair do lugar

"Uma menina de quatro, cinco anos anda rápido de bicicleta. De vez em quando olha para trás como se estivesse fugindo de alguém. O perseguidor é um homem de sapato grande, desajeitado. Faz um barulho estranho no chão quando corre. A menina anda em círculos, não acha uma saída para sua aflição.

A outra imagem é uma janela de subir e descer. Uma mulher sobe esta janela e pula no jardim de uma casa abandonada cercado por uma calçadinha de pedra. Ela sai correndo por uma trilha, abre o portão e avista uma praia. Vai desesperada na direção do mar. No seu rosto, há uma expressão de fuga, pânico. Ela quer sumir dali. Há abandono e solidão.

Chegando ao mar, ela nada, nada, nada enfurecidamente seguindo o rastro da lua, porque já é noite. Mas não sai do lugar. Faz muito esforço, um desgaste enorme. E continua parada."

IMAGEM 3 – A porta fechada

"Vejo uma menina de dois ou três anos, chorando. Ela passa um lenço nos olhos e soluça. Sente-se extremamente abandonada e injustiçada. Está sendo expulsa de uma casa. Alguém ficou muito bravo com ela e lhe impôs esse castigo. Olha para trás e vê o gesto da pessoa a lhe mandar embora.

Anda pelas ruas de cabeça baixa. Vira uma esquina e olha de novo para a porta dessa casa e aquela pessoa bate a porta. Senta na rua, encosta no muro e pede esmola.

Pouco depois, aparece uma mulher mais velha, uma mendiga, carregando você no colo. Ela anda em frente, mas você a puxa para trás, quer voltar para a casa de onde foi expulsa. Tenta escapar do colo dela, mas a mulher segura seus pés. Você grita: 'Papai, papai, papai', como se tivesse aprendido a chamar esse nome, sem ter visto o seu pai.

Toda vez que você quer muito uma coisa, uma força contrária a impede de alcançá-la e a porta se fecha."

Sugeri um exercício para ajudá-la a confiar mais em si mesma e alcançar seus objetivos.

Exercício do equilíbrio

Veja, sinta, perceba, imagine ou faça de conta que você está ao lado da nova estrada da sua vida emocional. A estrada acaba de ser construída. Nunca ninguém pisou nela. Imagine esta estrada segura, protegida, toda sinalizada.

Respire uma vez e entre nesta estrada.

Pise na linha do meio da estrada, que separa as duas pistas iguais. Ela é a linha do equilíbrio.

Vá andando por esta linha.

Mantenha os seus braços abertos.

O seu coração aberto.

Veja sair do seu coração uma luz verde que ilumina essa estrada e veja que ela vai ficando esverdeada.

Agora, aviste um homem vindo lá do fim da estrada. Ele também tem o peito iluminado de verde.

Veja esse homem chegando perto de você.

E ele vê você chegando perto dele.

Imagine agora este encontro, um grande abraço entre os dois.

Um homem e uma mulher. Feitos um para o outro, na mesma medida.

Observe que o peito dele se encaixa no seu.

Está aí o homem da sua vida.

A metade perfeita do seu equilíbrio.

Agradeça ao Universo por ter lhe mandado um homem perfeito.

Respire e abra os olhos.

2º ENCONTRO

Quando Helena voltou a me procurar, sua expressão já estava mais leve e confiante.

Vivia um nítido processo de transformação.

IMAGEM 1 – A medida exata do equilíbrio

A leitura

"Você mede uma estrada com uma trena. A estrada tem pista simples e um acostamento de terra. É asfaltada, novinha em folha. Parece que acabaram de pintar aquelas faixas amarelas no centro. E que ninguém andou nessa estrada.

A trena que você usa para medi-la é de couro marrom, do tamanho de um pires de café. Tem uma pequena manivela para recolher e soltar o arame, que está fixo em 1,76 m.

Você volta ao ponto inicial e agora mede a estrada por passos. Usa uma bota de caubói, cor de caramelo e diz:

– Eu sou um cavaleiro andante em busca da medida exata do equilíbrio. Quero poder dar três passos para lá e três passos para cá sabendo que eu fui justa. Fiz o que deveria fazer. Não privilegiei ninguém. Às vezes, custa manter esse equilíbrio, dizer não. Parece que minha alma e meu corpo ficam em pedacinhos. Mesmo sentindo que vai custar um tremor em todas as minhas células, um arrepio na cabeça, eu terei de ser forte e dizer não. Já cansei. Quero acabar com a indecisão, a insegurança, a covardia. Estou farta do talvez.

Os passos dessa moça são firmes e decididos. Ela não está frágil, nem titubeante ao caminhar sobre essa estrada completamente nova, medida, calculada, inédita. É como se você tivesse terminado o processo de construção de uma nova postura. Não aconteceu da noite para o dia. Foram anos de trabalho. Essa estrada é um divisor de águas. Se daqui pra frente você decidir que a sua vida terá um rumo mais positivo dentro daquilo que você quer, você estará segura para agir desse modo. E o Universo responderá de acordo com a sua postura.

Há uma mudança muito grande no seu inconsciente, que talvez já tenha aparecido na forma de uma crise e está levando você para um novo caminho, baseado no bom senso, na justiça, no equilíbrio. 'O que é bom para mim, eu vou fazer; o que não é, vou evitar.' Nem cabeça abaixada, nem cabeça altiva; nem humilhação, nem soberba, mas a linha do meio."

IMAGEM 2 – O mosaico, o pára-quedas e as meninas

"Vejo você num andaime fazendo um mosaico de pedacinhos de azulejos coloridos no formato de uma espiral. Coloca pecinha por pecinha, com todo capricho e habilidade, na maior concentração. O trabalho é bastante detalhado e o resultado, muito bonito. O painel desenha uma rosácea. O centro é uma rosa com as pétalas se abrindo.

Alguém a está ajudando. Um rapaz vai passando os bloquinhos de azulejo. Você nem olha para ele até que lhe pede para trazer a luz. Você apanha a lanterna e começa a iluminar os quadradinhos coloridos. Entra num deles. É um túnel quadrado, bem iluminado pelo potente facho de luz da lanterna.

Você começa a inspecionar o que parece ser uma mina. Tem um capacete. Procura algo como um anel num palheiro. Cutuca aqui, cutuca ali. Quer muito encontrar alguma coisa.

O túnel vai diminuindo até virar uma portinha de madeira, superpequena, enfeitada de ferro. Parece uma fechadura ou uma tecla de piano. Você abre a porta e nesse instante dá a impressão de que abriu a porta de um avião em pleno vôo. Surgem o céu e um frio desesperador. Você vai saltar de pára-quedas. O avião é engraçado como os de desenho animado.

Você ajeita o seu pára-quedas, a sua lanterna, o seu capacete, dá um impulso e salta. Tem uma sensação deliciosa de estar voando. Olha a beleza lá embaixo. Canteiros cor-de-outono prontos para semear, separados por cercas verdes, uma colcha de retalhos de terra fértil. Parece o Arizona, nos Estados Unidos.

Você está adorando esta liberdade. Manobra bem o pára-quedas. Sem pressa. Numa das terras lá embaixo há uma enorme vaca branca malhada de preto. Tem uma coleira e um sininho pendurado nela. Você pousa nas costas dessa vaca. Desvencilha-se do pára-quedas e do equipamento de segurança, bate com os calcanhares na barriga da vaca e sai montada nela.

Lá longe, nota uma casinha bem típica do interior do Brasil. Paredes brancas, cortininhas na janela. Tudo muito limpo. Uma menina abre as cortinas da janela da cozinha e vê que chega outra menina em cima dessa grande vaca, de tetas enormes, lotadas de leite.

A menina da casa sai correndo para receber a que está montada. As duas se abraçam e seguem para dentro da casa, que por dentro é inteirinha feita de mosaicos. Há uma mesa redonda no centro. A 'dona da casa' põe uma corda no meio dela. Puxa de um lado, a 'visitante' do outro, fazendo um cabo-de-guerra. A primeira é mais forte e arrasta a outra, que não oferece resistência. A competição acaba no encontro, na amizade, no afeto. A tensão dá lugar à pacificação.

A casa tem um fogão de ágata branca em que a anfitriã prepara doce de leite. Põe no prato e oferece para a visitante comer.

Ela devora. A anfitriã põe mais e ela devora outra vez, como se tivesse vontade desse leite. Então, a menina da casa começa a enrolar a mesa como se fosse um parafuso enorme. Enrola e enfia a mesa no chão. A outra vai ficando sem o prato com o doce de leite porque a mesa afunda até chegar no nível do chão. Assim, o doce é tirado da menina, que se contenta em lamber a colher. É como se a anfitriã quisesse dizer: 'Agora chega', tentando conter a outra, que comia compulsivamente."

IMAGEM 3 – A fonte inesgotável

"Vejo você menina, com uma lanterna na mão, numa escada que dá para um porão. Atrás de você, vêm outras crianças. Você lidera o grupo. Diz para irem devagar, degrau por degrau, explorarem com calma o que tem ali.

Nada escapa aos seus olhos detalhistas e minuciosos. Você joga o facho de luz em todos os cantos da escada. Faz questão de observar milésimo de milímetro. Sua mente está estacionada no detalhe, na precisão.

Encontra agulhas no chão e as enfia na parede como se estivesse sinalizando o rumo para as outras pessoas. Abre o caminho, arriscando sua própria vida, usando sua própria luz, para encontrar o que procura. E marca o caminho para que os outros, os que vêm atrás, não percam tempo.

A escada é uma espiral. No fundo dela existe um riacho de águas azuis, muito transparentes, cheio de peixes prateados e vermelhos. Você introduz ali uma peneira e ela vem absolutamente lotada de peixes. É impressionante! Dá para alimentar toda a turma que a acompanha.

Você sobe a escada em caracol e grita lá de cima: 'Achei. Está aqui, pra todo o mundo ver. Não falei que ia achar?'. Joga no chão a peneira e aparecem milhares de peixinhos se debatendo. 'Calma', você diz. 'Tem para todos. E o melhor de tudo é que eu descobri a fonte. É inesgotável.'"

IMAGEM 4 – A colheita

"A outra imagem é uma capelinha branca no alto de uma montanha, talvez na Grécia. O mar fica próximo. Você está de bermuda cáqui e botas, vestida como se fosse para um safári. Leva máquina fotográfica. E caminha por uma ruela em direção à capelinha.

É uma igreja ortodoxa grega. Os ícones estão representados nas paredes em mosaicos nas cores ouro, azul-marinho e bordô. É lindo, moderno. O chão é calçado de pedras. No fundo, há um altar. Você olha os mínimos detalhes e tira fotos, como se estivesse fazendo uma pesquisa nessa capela.

Você abre o sacrário, tira dali um cálice coberto por uma tira de tecido roxo e, posicionada como um sacerdote, dá comunhão aos presentes. Diz assim: 'Eu só espero que Deus abençoe a minha ascensão, a minha glória, o meu triunfo'.

Sai da igreja com bolsa, maleta, máquina fotográfica, todos os acessórios de turista, e fica sentada embaixo de uma oliveira, num campo muito bonito. As árvores estão carregadas de azeitonas pretas. Os galhos chegam a envergar. Você nem precisa fazer esforço para colher esses frutos. Abre as mãos e as azeitonas caem dentro delas. É autocolheita. É abundância."

O depoimento

"Quando vi a felicidade de uma amiga, perguntei o que havia acontecido de tão especial na sua vida. Ela me disse que a felicidade era fruto dos exercícios com imagens indicados por Izabel Telles. Como eu sentia que faltava algo ou alguém na minha vida, procurei conhecer este trabalho.

Fiz o primeiro exercício e não acreditei nas mudanças que ocorreram após 21 dias. Nunca imaginei que pelo meu próprio pensamento poderia obter aquilo que estava procurando.

O resultado foi tão surpreendente que me assustou. Procurei novamente a Izabel, dessa vez para fazermos um exercício que me ajudasse a me acostumar com a idéia de que eu havia conseguido o que era tão importante pra mim.

Os exercícios me mostraram que eu só encontraria o equilíbrio se estivesse bem pessoal e profissionalmente. Segui todos os passos e hoje, após quatro encontros, consegui finalmente harmonizar esses dois lados.

No último encontro, a Izabel viu imagens tão maravilhosas que eu nem precisei fazer outro exercício. Percebi que já havia mudado completamente. Descobri que podemos conseguir tudo o que quisermos. Basta acreditarmos na força da nossa mente."

Os nós e os laços

*Maria chegou cheia de nós.
Tinha o corpo todo enrolado
em cordões coloridos...
Fazia dó.
Propus assim:
– Seguro uma das pontas
e você roda como um pião
no sentido horário.
E, respirando com fé,
abandone o casulo da borboleta só.*

Parte 3

Exercícios

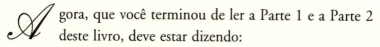gora, que você terminou de ler a Parte 1 e a Parte 2 deste livro, deve estar dizendo:

– Muito bem, acredito que nossa mente seja povoada de imagens e que estas imagens descrevem nossas emoções e nossos padrões de comportamento. Acabei de ler depoimentos de pessoas que conseguiram mudar alguns padrões de comportamento fazendo exercícios com imagens. Mas o que fazer se eu não consigo ver estas imagens?

Pois foi pensando em você que preparei alguns exercícios, com as intenções mais variadas. Você poderá fazê-los em casa. Basta, para isso, seguir algumas regrinhas de ouro.

Os primeiros passos

Antes de começar a fazer exercícios com imagens, você deve identificar a emoção que neste momento atrapalha o seu bem-estar.

Pergunte à sua mente: O que estou sentindo? Medo? Angústia? Mágoas?

A mente conhece todas as respostas das quais você necessita. E responde criando uma imagem.

Observe essa imagem. Ela fatalmente ajudará você a compreender melhor o tipo de emoção que está desviando a sua energia do caminho expresso para a felicidade.

Definida a emoção, procure um exercício específico para trabalhar aquele tema.

E para não ter de ficar lendo o exercício toda vez sugiro que você compreenda a intenção de cada palavra, grave num gravador e deixe o aparelho preparado para rodar o exercício todas as manhãs, logo após acordar, e à noite, antes de dormir.

Regras gerais

A posição para fazer os exercícios deve ser sempre sentada, com os pés firmemente apoiados no chão, mãos descansando sobre as coxas e as palmas viradas para baixo. A coluna deve estar ereta e o olhar fitando o horizonte. Trabalhe sempre de OLHOS FECHADOS e não mexa o corpo ou qualquer parte dele durante o exercício.

A duração deve ser muito breve. Não estou propondo exercícios de visualização em que você fecha os olhos e deixa sua imaginação caminhar solta. Estou pedindo que você dê uma ordem à sua mente e fotografe esta ordem.

O ideal é fazer o mesmo exercício duas vezes por dia, ao acordar e antes de deitar, por 21 dias.

A escolha dos 21 dias não é aleatória. O organismo humano obedece a ciclos que se repetem a vida toda (o ciclo menstrual das mulheres, por exemplo) e eles devem ser respeitados. Um desses ciclos é o da limpeza interna, que ocorre a cada sete dias, em média. Fazendo o exercício por 21 dias, você garante que dois ciclos inteiros sejam cobertos.

Lembre-se de que os exercícios com imagens contribuem na limpeza do corpo, da mente e do espírito. Por isso, muitas vezes sugiro que você JOGUE FORA as toxinas, a raiva e outros sentimentos que impedem a harmonia.

Mas, atenção, os exercícios só devem ser feitos por quem realmente acredita no seu potencial interno, na sua intuição, e está interessado em melhorar sua vida. Não devem ser usados como passatempo.

Outro lembrete importante: não faça os exercícios andando de ônibus, no metrô, dirigindo seu carro, operando máquinas, nem mesmo trabalhando. Esteja sentado e concentrado no que irá fazer.

Mãos à obra!

Os exercícios com imagens compõem-se de quatro momentos:

1) Coloque-se na posição adequada. Você deve estar sentado, com olhos fechados e as mãos apoiadas nas coxas. Não tente fazer os exercícios deitado porque não funcionam.

2) A respiração é muito importante. Com certeza, o que há de mais importante na nossa existência. Respiração é vida. Nada somos sem o oxigênio. Lembre-se disso todos os segundos do seu dia. Antes de começar o exercício, respire, levando paz e vida nova para todas as suas células. Feche os olhos e jogue o ar pela boca como se estivesse soprando uma sopa quente. Faça isso três vezes. Então, você estará pronto para iniciar o trabalho.

3) Concentre-se na INTENÇÃO do exercício, ou seja, por que eu estou sentado aqui de olhos fechados; qual é a minha intenção ao decidir realizar esse exercício. Talvez para melhorar a auto-estima, libertar-se das mágoas, realizar um sonho etc. Você é quem sabe. Fixe a meta e não pense em nada mais.

4) Siga as instruções. Vá até o lugar sugerido, veja ou faça o que é proposto. Lembre-se de que deve IMAGINAR. Por isso, não mexa o corpo ou estique os braços. É tudo no campo da mente, da imaginação e não da realidade concreta. Vamos usar a força da realidade interna para mudar a realidade externa.

Observações importantes

- Muitas pessoas não conseguem visualizar. Não tem importância, já que elas podem sentir, ouvir ou perceber. No entanto, se você gostaria de visualizar e não consegue, experimente os exercícios das duas páginas seguintes. Eles podem tornar seu desejo possível.

- Ao estar sentado, de olhos fechados, concentrado na intenção e respirando conforme indicado, você está apto a entrar em contato consigo mesmo. Estará estabelecendo uma linguagem maravilhosa entre seu consciente e seu inconsciente e este diálogo é, sem dúvida, o mais construtivo da sua vida.

Aprendendo a visualizar

Exercício 1

Olhe esta imagem fixamente por 1 minuto.

Feche os olhos e tente reproduzi-la numa tela branca colocada na sua frente.

Abra os olhos e repita várias vezes.

Exercício 2

Tente também com a imagem abaixo. Ou, se quiser, pode olhar para um cartão-postal, uma foto com paisagem ou uma foto de animal, como preferir. Agora, olhe fixamente a imagem e siga as instruções do exercício anterior.

Exercícios com imagens

Aqui estão 60 exercícios para você praticar quando sentir necessidade, atravessar um momento difícil ou quiser mudar algo em sua vida.

Achar as respostas que procura

Muitas vezes, a gente está precisando de uma luz, de um conselho que venha aplacar uma dúvida ou ajudar a enfrentar uma situação inesperada. Que tal tentar algum destes exercícios?

Palavras do golfinho

Imagine-se numa praia. Olhe para o mar azul e tranqüilo.

Entre no mar e encontre um golfinho. Respire uma vez.

Pergunte a ele que conselho tem para você (em relação à situação que está vivendo).

Ouça a resposta do golfinho e volte para a praia.

Então, respire e abra os olhos.

Qual foi o conselho que o golfinho lhe deu?

Escreva para relembrar.

Uma luz

Veja, imagine ou faça de conta que você está diante da imagem de Nossa Senhora (ou outra imagem sagrada que lhe transmita verdade, apoio, amor e sabedoria).

Peça a ela um conselho.

Ouça, sinta, entenda e guarde o que ouve, sente ou percebe.

Agradeça a esta imagem sagrada pela ajuda.

Respire e abra os olhos.

Qual foi o conselho?

Paisagem na janela

Imagine à sua esquerda um vitrô com os vidros embaçados.

Empurre a imagem deste vitrô para fora, pelo lado esquerdo, e veja surgir pela direita uma paisagem deslumbrante.

Respire uma vez e observe uma pombinha branca pousada nesta paisagem.

Olhe bem para ela e veja o que está escrito no bilhetinho que ela carrega preso no bico.

Respire e abra os olhos.

Guirlanda colorida

Imagine ou veja à sua frente uma tela branca.

Agora borde ou pinte nesta tela uma grande guirlanda colorida.

Respire uma vez.

Agora olhe bem para esta guirlanda e veja a imagem ou a mensagem que se forma.

Respire e abra os olhos.

Jornada iluminada

Imagine-se perdido na floresta escura do abandono. Veja, perceba ou sinta uma pessoa bem-intencionada vindo na sua direção. Observe que carrega uma lanterna. Respire uma vez.

Permita a este alguém que o conduza para fora desta floresta.

E, sentindo-se aliviado, agradeça a este ser interno, tão bom e amoroso.

Respire e abra os olhos.

Acredite, você nunca está só!

Limpar o corpo e a mente

Nosso corpo vai retendo muitas toxinas.

Isso porque o sistema linfático nem sempre consegue remover todo o lixo que guardamos, decorrente dos nossos pensamentos e das nossas emoções negativas, como medos, raiva, inveja e, principalmente, expectativas.

Uma forma eficiente de varrer essas toxinas é praticar todos os dias exercícios mentais de limpeza.

Corpos sutis

(Antes de começar este exercício, olhe fixamente para a imagem por alguns segundos.)

Imagine-se vendo o Arcanjo Miguel. Repare que ele segura na mão direita a sua poderosa espada de luz violeta.

Respire uma vez.

Veja ou sinta o Arcanjo passando suavemente a espada ao redor de todo o seu corpo, eliminando todas as toxinas que impedem o seu triunfo.

Fique aí e sinta esta limpeza profunda.

Respire uma vez e veja o presente que o Arcanjo Miguel oferece a você para comemorar esta limpeza profunda.

Respire mais uma vez e abra os olhos.

Ativar os chakras

Chakra *é um termo sânscrito que significa roda e designa os centros por onde a energia vital entra no organismo.*

Quanto mais limpos e desobstruídos eles estiverem, mais energia fluirá pela sua vida.

Para pessoas "avoadas"
(Trabalha o 1º chakra, localizado na base da espinha)

Imagine que você é uma árvore voando pelo céu. Como você sabe, uma árvore precisa de raízes profundas para crescer.

Lance as raízes da sua árvore num solo fértil e sinta esta força rasgando a terra e se firmando no seio dela.

E, sendo você esta árvore, prospere na bondade e na beleza.

Respire e abra os olhos, sabendo que você é necessário aqui na Terra.

Aumentar o apetite sexual
(Especial para mulheres, ativa o 2º chakra)

Imagine-se vestida com malha de ginástica bem no centro de um extenso gramado.

Faça de conta que há um bambolê cor de laranja em volta do seu quadril (abaixo do umbigo).

Gire-o no sentido horário. Primeiro lentamente, depois aumentando aos poucos, até parecer um círculo de fogo rodando em torno de você.

Faça, agora, este círculo ir subindo, subindo ao redor do corpo até desaparecer no céu.

Respire e abra os olhos.

Criar força de vontade
(Atua sobre o 3º chakra, localizado no umbigo)

Imagine que seu umbigo é um sol do meio-dia emitindo calor e força a todo seu ser e tudo o que o cerca.

Identifique o poder que há aí.

Sinta esse poder. E realize.

Respire e abra os olhos, quando puder.

Experimentar o amor incondicional
(Desenvolve o 4º chakra, situado na zona do coração)

Veja ou sinta sair do seu coração uma luz verde que envolve todo o seu ser, como a mãe aninha seu filho pequeno.

Tenha a sensação de ser um bebê aconchegado no colo da mãe Universal.

Sinta-se acolhido, amado, aceito.

Respire e abra os olhos, quando puder.

Facilitar a comunicação
(Trabalha o 5º chakra, que está na base do pescoço)

Sinta que há na sua garganta um quartzo azul muito poderoso.

Respire uma vez e veja este quartzo fazer um movimento de rotação no sentido horário, emitindo três fachos de luz azulada.

Acompanhando cada facho de luz, envie uma frase para uma pessoa a quem deseja dizer alguma coisa.

Faça isso vagarosamente até completar três frases.

Respire uma vez e compreenda que você restabelece a comunicação.

Respire e abra os olhos.

Que tal escrever as três frases para se lembrar delas?

Melhorar a concentração
(Estimula o 6º chakra, que fica entre as sobrancelhas)

Visualize entre suas sobrancelhas uma ametista violeta brilhante...

Muito brilhante...

Mais brilhante...

Ainda mais brilhante...

Cintilante...

A ametista começa a se ampliar. Vai crescendo, crescendo, crescendo... até virar um olho imenso e radiante.

Esse olho tem o poder de acessar o mundo da intuição.

Você está conectado com sua intuição, pergunte o que quer saber. Então, respire e abra os olhos.

Obter inspiração
(Mobiliza o 7º chakra, no alto da cabeça)

Veja-se entrando num palácio pelo corredor que leva ao trono.

Sente-se no trono e receba uma coroa de ouro e diamantes sobre a sua cabeça.

Aceite este presente do Universo.

Sinta a coroa abrir e fechar como se fosse uma lótus de mil pétalas captando a força da sabedoria e da consciência cósmica.

Sinta-se um/uma rei/rainha e aceite sua intuição como a melhor forma de se relacionar com o mundo.

Respire e abra os olhos.

Aliviar sofrimentos físicos

O sofrimento e a dor fazem parte da história da humanidade. Só que os meios de comunicação os têm mostrado cada vez mais por meio das guerras e da enorme violência que assola a Terra.

O inconsciente grava todas essas impressões no universo particular, repetindo em cada um de nós o sofrimento do todo.

Acalmar uma dor

Imagine você entrando no seu corpo.

Vá até a parte dolorida.

Passe ali um gel azul, massageando bem até adquirir a cor dourada e curar a dor.

Enquanto isso, pense no quanto esse pedaço do seu corpo é saudável e útil para você.

Saia do seu corpo e lave suas mãos num rio de águas puras e cristalinas.

Respire e abra os olhos.

Aliviar tensões

Imagine-se soprando um imenso balão vermelho. Respire e sopre neste balão. Respire e jogue para dentro do balão tudo aquilo que o torna tenso. Respire e jogue sua raiva, seu ódio, sua indignação. Imagine este balão crescendo, crescendo, crescendo. Ele está cheio da sua tensão. Então respire e fure o balão com um alfinete. Então, sabendo-se livre das tensões, abra os olhos.

Combater a depressão

Flores sem vida, pássaros sem asas, cavalos que afundam as patas em terrenos movediços, portões medievais fechados, paredões de pedras, palhaços que não sorriem, janelas quebradas, casas pequeninas sem móveis.

Estas são algumas formas como a depressão pode ser fotografada no inconsciente. A depressão é o mal do homem moderno que, substituído por máquinas, isolado na solidão e com os valores mais primitivos anulados, vê-se impotente frente à força deste mundo tecnológico.

O renascimento da flor

Imagine a sua depressão como uma flor sem viço, murcha num vaso solitário.

Respire uma vez e imagine esta flor voltando à vida...

Acompanhe suas pétalas se abrindo.

Repare no seu caule vigoroso e firme.

Amorosamente, coloque outras flores ao lado desta.

Quantas você quiser...

Forme um lindo buquê, fresco e saudável.

Ou talvez você prefira levar sua flor para outro vaso, ou plantá-la na terra.

Seja como for, garanta que ela renasça. Então...

Respire e abra os olhos.

O vôo das borboletas

Imagine sua depressão representada num quadro onde estão sete borboletas presas por alfinetes.

Respire uma vez e retire os alfinetes, permitindo às borboletas o vôo da liberdade.

Saiba que este gesto liberta você da depressão.

Respire e abra os olhos.

Ação e alegria

Imagine um dia ensolarado num campo.

Veja uma roda d'água parada, sem qualquer movimento, como a sua depressão.

Respire uma vez.

Usando os recursos da sua imaginação faça esta roda girar lentamente, depois mais depressa, até alcançar um movimento harmônico. Ouça o barulho da água abundante e generosa passando por esta roda, gerando vida.

Respire e abra os olhos.

Outras dores da alma

Quanto mais vejo o inconsciente das pessoas, mais me preocupo com o sofrimento emocional que algumas imagens transmitem: pessoas presas em torres medievais, olhando o mar lá fora através de grades estreitas; crianças sendo arrastadas da praia por grandes ondas e atiradas em mares cinzentos; golfinhos feridos, janelas sem trincos. Homens morando em guarda-roupas, debaixo do tapete, dentro do fogão a lenha; gente fechada em torrilhões, cisternas, poços sem fundo; pessoas amarguradas presas em labirintos sob a terra: mulheres vivendo debaixo de rochas imensas, andando em praias desertas e sem saída. Bocas que não falam, corpos sem um dos lados, ratos saindo de dentro dos órgãos.

São fotografias em movimento de situações emocionais que as pessoas estão vivendo aqui fora no mundo concreto.

Com estes exercícios, proponho a libertação destes estados tão doloridos da alma.

Lidar com a falta de afeto

Veja, imagine ou faça de conta que tem à sua frente uma enorme muralha de pedras.

Esta muralha representa a sua dificuldade de dar e receber afeto.

Respire uma vez e, usando a sua força interna, rompa essa muralha e veja bem na sua frente uma imagem do que representa o afeto para você. Fotografe esta imagem e guarde-a no seu coração.

Então, respire e abra os olhos.

Sair do sufoco

Sinta-se fechado dentro de um saco de estopa.
Explore este lugar.
Sinta a textura da estopa.
Perceba o espaço que há aí dentro.
Respire uma vez e abra a boca do saco. Saia daí, deixando para trás toda sensação de sufoco e aperto.
Você está livre!
Respire e abra os olhos.

Ultrapassar os limites

Veja, sinta, perceba, imagine ou faça de conta que você é um golfinho preso dentro de um estreito tanque de água.
Este tanque representa os limites que o afastam da liberdade.
Respire uma vez e, usando o seu poder infinito de imaginar, transporte este golfinho para um imenso mar azul.
Respire uma vez e veja este golfinho feliz, nadando livremente.
Então, abra os olhos.

Libertar-se

Do outro

Veja, sinta, perceba, imagine ou faça de conta que aquela pessoa que o oprime está enrolando uma corrente ao redor de todo o seu corpo. Esta corrente aprisiona sua liberdade de ser, pensar ou se exprimir.

Respire uma vez e encontre uma forma criativa de se livrar desta corrente.

Sinta a maravilhosa sensação de estar livre.

Respire e abra os olhos.

Dos pesos do caminho

Seja um anjo preso a uma rocha.

Lute agora com toda a sua imaginação, liberte-se desta pedra e saia voando.

Então, respire e abra os olhos.

Vencer o passado

O pássaro renasce

Veja na sua frente um grande pássaro pousado num campo verde.

Saiba que ele representa o seu passado.

Observe que este pássaro começa a ser queimado pelos raios poderosos do sol.

Respire uma vez.

Agora, veja ressurgir das cinzas um novo pássaro, mais forte, poderoso e corajoso.

Olhe nos olhos deste pássaro e veja seu renascimento.

Respire e abra os olhos.

Cortando as amarras

Imagine-se dentro de um cercado de bambu. Do lado de fora há sol e uma espada fincada no chão. Respire uma vez e saia do cercado, andando na direção da espada.

Pegue a espada e com ela corte toda a cerca. Deixe o terreno limpo.

Faça nascer neste campo um jardim muito bonito. Ele é seu!

Respire e abra os olhos.

Superar as mágoas

Limpando o passado

Entre numa casa e suba as escadas que levam ao sótão.
Abra a porta. Acenda a luz e veja quanta coisa velha tem guardada aí. Jogue tudo para fora e passe cal branco nas paredes.
Encere o chão e perfume todo o ambiente com o aroma da sua preferência.
Deixe o sol brilhante entrar pelas janelas. E, sabendo que você está livre das suas mágoas do passado, respire e abra os olhos.

Tirando espinhos do coração

Viaje para dentro do seu corpo e vá até seu coração.
Veja que ele está envolto por uma coroa de espinhos.
São suas mágoas.
Respire uma vez e retire daí esta coroa de espinhos.
Sopre uma luz verde sobre seu coração.
Sinta este órgão pulsar nas suas mãos e o acaricie.
Beije seu coração.
Deixe-o saber que você quer vê-lo feliz!
Saia de dentro do seu corpo, respire e abra os olhos.

Salvar a si mesmo

Da opressão
(Homenagem aos tripulantes do submarino russo)

Imagine-se preso dentro de um submarino esquecido no fundo do mar.

Sinta o medo, a angústia, o frio e a escuridão deste lugar. Perceba a solidão e o desespero.

Ouça o silêncio do fundo do oceano. Respire uma vez.

Sinta ou imagine um mergulhador abrindo a escotilha do submarino e veja-se sendo resgatado imediatamente.

Imagine-se na praia ovacionado e abraçado por todos os que você ama e amam você.

E, sentindo-se livre da opressão, respire e abra os olhos.

Que tal fazer uma prece pelos tripulantes do submarino?

Do abandono - A força da bondade
(Homenagem à Madre Tereza de Calcutá)

Perceba seu sentimento de abandono como se fosse um mendigo sozinho na noite fria e gelada.

Aproxime-se e ofereça a ele um cobertor e um prato de sopa.

Ampare este mendigo.

Ame-o e repare que, além de agradecer, ele se regenera, levanta, cresce e cria uma vida produtiva.

Com este gesto, saiba que você salva a si mesmo do abandono.

Respire e abra os olhos.

Desviar o negativo

A face do otimista

Veja ou perceba seu rosto dividido ao meio, no sentido vertical.
A metade da direita é otimista. O lábio sorri. O olho está aberto.
Respire uma vez.
Olhe o lado esquerdo. Ele é pessimista. O lábio está cerrado, o olho, fechado.
Respire uma vez.
Observe o lado direito se expandindo e expulsando o lado esquerdo.
Respire uma vez.
Veja ou sinta que o seu rosto agora é 100% otimista.
Perceba os olhos abertos e um grande sorriso.
É você!
Respire e abra os olhos.

Aumentar a auto-estima

Senhor do trono

Imagine-se entrando num palácio.

Caminhe pela nave central deste lugar e vá em direção ao trono localizado no final deste corredor.

Sente-se no trono.

Imagine um ser iluminado colocando uma coroa de louros sobre a sua cabeça ou ao redor do seu pescoço.

Sinta o aroma dos louros.

E, sabendo que você acaba de ser aceito como senhor do seu reino, respire e abra os olhos.

Adeus complexo de inferioridade

Faça de conta que o seu complexo de inferioridade é uma poeira ao redor do seu corpo.

Imagine um potente aspirador de pó aspirando, sugando e levando toda esta poeira para longe, muito longe.

Viva a sensação de estar limpo, curado.

Respire e abra os olhos.

Resolver conflitos

Saindo do meio deles

Veja-se no núcleo de uma espiral traçada na areia.
Imagine-se no centro dela.
Bem no centro.
Perceba este ponto central como sendo seu conflito (dê um nome a ele).
Agora saia daí caminhando em espiral no sentido horário.
Quando estiver fora da espiral, sinta-se totalmente curado para viver a sua liberdade.
Respire e abra os olhos.

Escrever uma nova história

A mente é um paraíso ilimitado, o fundo do oceano repleto de tesouros. Você pode usar esse poder infinito que há dentro de você para ser seu próprio herói, tornar sua vida melhor e mais feliz.

Mudar de rumo

Seja o Noé e faça como ele: construa sua Arca.
Coloque nela tudo o que você deseja ver perpetuado.
Agora, entre você na Arca e navegue com ela em segurança.
Desembarque numa terra firme e comece aí a vida que deseja ter. Respire e abra os olhos.

Realizar um sonho

Veja no céu um maravilhoso arco-íris.
Atrás dele, há um pote cheio de ouro, só para você.
Este ouro representa seu grande sonho.
Atravesse o arco-íris e pegue o pote.
Ao fazer isso, você torna acessível o seu maior sonho.
Traga este pote consigo ao respirar e abrir os olhos.

Obter mais energia

Imagine sua vida como uma mangueira de jardim que apresenta um nó bem no meio. Vá até lá e desmanche o nó.
Sinta a água fluir livremente, irrigando uma plantação repleta de frutos. Respire e abra os olhos.

Renovar emoções

Barril de pólvora

Veja, sinta, perceba ou imagine que você tem à sua frente um barril de pólvora.

Faça de conta que dentro dele estão as emoções que você quer trabalhar: rejeição, raiva, ódio, medo...

Respire uma vez.

Jogue uma tocha acesa dentro deste barril e saia correndo deste lugar.

Assista e ouça de longe este barril explodir.

Acredite, saiba e aceite que você se livrou das emoções negativas.

Respire e abra os olhos.

As sete pedrinhas

Imagine-se num campo florido.

Encontre aí um carrinho de mão. Coloque dentro dele sete pedras.

Cada pedra simboliza um aspecto negativo seu que você quer superar.

Leve este carrinho até a margem de um precipício e despeje lá para baixo as sete pedras.

Dê meia-volta e encha agora o carrinho com sete flores. Cada flor simboliza uma qualidade que você quer ver expressa nas suas atitudes e nos seus relacionamentos.

Plante estas flores dentro do seu coração.

Então, respire e abra os olhos.

Alcançar a tranqüilidade

Um imenso jardim

Imagine seu corpo como um imenso jardim florido.

No seu ventre, rosas vermelhas abrem e fecham suas pétalas num movimento harmonioso.

Na altura do seu umbigo, dálias alaranjadas dançam em círculos.

No seu peito, folhagens verdes estão salpicadas de onze-horas cor-de-rosa que se abrem e se fecham.

Aprecie a beleza destas flores. Assista ao movimento do seu jardim.

Ouça seu ser falando com você por meio de uma luz azul que sai da sua garganta. Respire uma vez e sinta seus pés na terra e sua cabeça encostando num céu dourado.

É seu ser experimentando o espaço, infinito.

Respire uma vez mais... e preencha seu jardim de ar.

É seu ser respirando vida e calma.

Então abra os olhos.

Cenário de paz

Imagine que você entra num quarto grande e vê na parede um quadro representando o desespero.

Respire uma vez e caminhe até lá.

Retire este quadro da parede e jogue fora, pelo lado esquerdo.

Ponha no lugar uma tela representando a calma, que chega pelo lado direito.

Respire e abra os olhos.

Conquistar outras qualidades

Flexibilidade

Contemple uma plantação de bambus.
Perceba a leveza que há aí.
Sinta o vento passando pelos galhos verdes e finos. Note que eles não resistem.
Entregam-se ao ritmo da natureza sem protestar... e voltam para sua altivez e postura firme assim que o vento cessa.
Seja como o bambu e sinta em si a flexibilidade.
Respire e abra os olhos.

Fortaleza

Imagine uma cena em que cavalos correm em liberdade.
Aproxime-se deles e sinta a liberdade instintiva que há em você.
Sinta-se, então, forte, livre e poderoso, correndo pelo espaço infinito.
Respire e abra os olhos.

Alegria

Imagine que você está num parque de diversões.
Vá até o seu brinquedo favorito e divirta-se nele.
Quando acabar de brincar, respire e abra os olhos.

Felicidade

Veja uma casa à sua frente.
Abra a porta principal e entre nela.
Espalhe por toda a casa uma nuvem dourada e azul, veja a palavra FELICIDADE entrando em todos os espaços da sua vida.
Respire e abra os olhos.

Estabilidade

Veja, sinta ou imagine um cordão de prata na sua frente.
Amarre uma ponta deste cordão no Pólo Norte. A outra ponta, no Pólo Sul.
Imagine seu corpo entrando neste fio e fique aí parado.
Sinta este eixo do mundo passar por você, criando equilíbrio e estabilidade.
Respire e abra os olhos.

Pertencer ao grupo

Às vezes pode acontecer de a gente ter a sensação de não pertencer *à família que escolheu, ao grupo social do qual participa, ao ambiente onde circula.*
Nesse caso, sugiro o seguinte exercício.

Imagine-se como uma árvore imensa.
Veja a sua raiz, que mergulha profundamente na terra conectando-se às forças de sua origem.
Batize estas forças ancestrais como seus antepassados.
Respeite-os, agradeça-os, reverencie-os.
Agora, olhe o tronco desta árvore, das raízes até a copa.
Batize este tronco de seus pais.
Agradeça e reverencie esta parte.
Olhe para os galhos e veja em cada um deles um irmão.
Ame estes galhos.
Aprecie, agora, as folhas e os frutos desta árvore e os respeite como seus descendentes.
Finalmente, observe o todo e admire, respeite, ame e reverencie esta árvore.
Abrace esta árvore. Dê a ela seu nome e sobrenome.
Saiba que você acaba de criar sua família.
Desfrute esta sensação.
Respire e abra os olhos.

Vencer os inimigos

O Gladiador

Entre numa arena romana vestido de gladiador.

Tenha na mão direita uma espada e na esquerda, um escudo.

Veja na arena outros gladiadores. Cada um representa alguém que agride você, desrespeita seus sentimentos, abusa da sua confiança.

Respire uma vez e caminhe na direção deles.

Ao se aproximar, erga sua espada e voe com ela para o alto, distanciando-se desta arena.

Assista lá de cima as lutas entre os gladiadores. Aos poucos, um vai eliminando o outro. Veja a arena ser tragada por um imenso buraco e uma avalanche de terra tapar este buraco.

No local, nasce um maravilhoso jardim. Você desce aí e reina triunfante, livre dos seus inimigos, feliz.

Veja-se gritando: "EU TENHO A FORÇA!".

Respire e abra os olhos.

Amar mais e melhor

Terminar uma relação que faz sofrer

Faça de conta que está num campo com a pessoa da qual deseja separar-se.

Respire uma vez. E pense nela partindo.

Imagine que cai sobre ela uma chuva dourada.

Perceba uma brisa levando-a embora até que a imagem se desfaça docemente no infinito. Respire e abra os olhos.

Solidificar um relacionamento saudável
(entre namorados, familiares, amigos, colegas)

Imagine seu relacionamento como uma planta num vaso de terra. Pegue um regador e vá regando esta planta.

Imagine que ela está crescendo, crescendo, até que as raízes partam o vaso e entram na terra.

Assim é este relacionamento: forte, seguro, eterno.

Respire e abra os olhos.

Melhorar o convívio

Veja a abelha recolhendo o pólen das flores e voando na direção do favo de mel.

Observe como ela trabalha, tocando as flores sem lhes tirar a beleza.

Aprenda com ela a lidar com os seus semelhantes.

Respire e abra os olhos.

Resgatar a justiça

A libertação do índio

Entre numa selva e veja um pequeno índio sendo maltratado.

Afaste o agressor e salve este índio.

Agora dê a ele a liberdade, conduzindo o indiozinho com segurança para sua tribo.

Veja-o correndo para dentro da casa, agradecido e feliz.

Sentindo-se em paz, respire e abra os olhos.

Acreditar no nosso país

Resgate do amor pelo Brasil
(Homenagem a Roberto Gambini, autor de Espelho Índio)

Imagine o Brasil como um grande coração.

Veja uma imensa espada colonizadora atravessando este coração.

Ouça o grito de socorro das nossas matas.

Sinta o medo dos nossos índios.

Perceba nossas mulheres sendo escravizadas pelos invasores.

Respire uma vez e retire esta espada do coração brasileiro.

No local do ferimento, plante mudas de pau-brasil e cicatrize a terra com nosso ouro.

Saiba que ao fazer isso você resgata a sua identidade e liberta a alma brasileira.

Respire e abra os olhos.

Brasil vencedor

Veja o território brasileiro.
Respire na Floresta Amazônica.
Nade no mar das praias do Sul.
Sinta a força da vida no Pantanal.
Descubra as riquezas dos nossos minerais.
Veja o seu país.
Respire uma vez.
Agora veja o povo brasileiro neste território, de mãos dadas.
Ouça as pessoas dizendo:
– O Brasil é viável.
– Somos cheios de energia!
– Gostamos do sucesso, do trabalho e da paz.
– O Brasil é possível.
– Eu sou o Brasil.
Respire e abra os olhos.

Arranjar trabalho

O presente das formigas

Veja uma grande fileira de formigas trabalhando.

Observe como elas são focadas, ordeiras, disciplinadas, incansáveis.

Respire uma vez.

Agora, olhe o formigueiro por dentro. Ele é limpo, organizado, próspero. Há aí uma energia forte de trabalho.

Copie esta energia em você e a torne verdade neste instante.

Respire e abra os olhos.

Emagrecer

Estica-e-puxa

Veja, sinta, perceba, imagine ou faça de conta que você é uma criança e que dois seres puxam seus braços de um lado e de outro como se quisessem parti-lo ao meio.

Empurre estes seres para bem longe com a palma de suas mãos e sinta seu corpo voltar ao centro como um elástico que cede quando deixa de ser esticado.

Sinta que você volta a ter o formato ideal do seu corpo perfeito. Respire e abra os olhos.

A melancia

Imagine que tem nas mãos uma imensa e pesada melancia.
Perceba o desconforto de carregá-la nas suas mãos.
Sinta o quanto este peso exige esforço extra do seu corpo.
Respire uma vez e jogue esta melancia no chão.
Veja que ela se parte em mil pedaços.
Respire uma vez e recolha os pedaços desta melancia.
Jogue tudo no mar, no rio ou num buraco bem fundo.
Respire aliviado, sentindo que eliminou todo o peso extra que havia no seu corpo.
Respire e abra os olhos.

Hora da modelagem

Veja, sinta, perceba, imagine ou faça de conta que tem nas mãos uma grande porção de barro amolecido.

Trabalhe este barro com a intenção de modelar nele o seu corpo perfeito.

Ao concluir a escultura, saiba que este corpo é seu a partir deste instante.

Respire e abra os olhos.

Cores e emoções

Veja, sinta, perceba, imagine ou faça de conta que você abre uma imensa caixa de lápis de cor.

Respire uma vez e escolha a cor que representa aquela emoção que o faz comer sem parar.

Respire uma vez e troque esta cor pela que o faz sentir-se leve, bonito, de bem com seu corpo.

Fixe esta cor.

Respire esta cor.

Pinte o seu coração desta cor.

Respire e abra os olhos.

Especiais para mulheres

Resgate do feminino

Perceba-se ou veja a si mesma como a gata borralheira abandonada numa cozinha grande e fria.

Olhe seu corpo descuidado, seus cabelos sujos e emaranhados.

Repare nas suas roupas rasgadas, nas suas unhas malcuidadas.

Respire uma vez e imagine uma fada madrinha entrar nesta cozinha e, com sua varinha mágica, transformá-la numa linda princesa.

Sinta o abraço amoroso desta fada e saiba que ela também é você.

Aceite a beleza do seu ser feminino e receba a varinha de condão que ela lhe oferece.

Respire e abra os olhos.

Pais e filhos

Veja-se sentada num gramado ao lado do seu filho.

Perceba a palavra que ele mais precisa ouvir saindo do seu coração e entrando no coração dele.

Ouça, agora, a palavra que você precisa saber saindo do coração dele e entrando no seu.

Abrace seu filho.

Receba o abraço dele.

Respire e abra os olhos.

Tudo o que existe na natureza, nas paisagens, nas construções, nas pessoas e nas coisas pode servir de inspiração para os exercícios com imagens mentais.
O importante é que sejam coisas belas.
Porque, como você sabe, a beleza é verdadeira.
Inspire-se em cenas bonitas, no pôr-do-sol,
na chuva fininha que cai no telhado,
no sorriso de uma criança.
Ao ouvir uma música suave, feche os olhos
e viaje com este som pelos cenários
que sua imaginação guarda em detalhes.
Se estiver com frio, invente um imenso
edredom macio para cobrir seu corpo.
Se estiver numa fila interminável,
faça de conta que está nadando
numa piscina de água morna.
Você tem uma poderosa máquina de
imaginar dentro da sua mente
e ela poderá levá-lo ao inferno...
se você deixar.
Mas também ao infinito...
se você quiser.

*Toda vez que fecho os olhos,
vejo-me como uma minúscula
partícula deste gigante holograma
chamado universo.*

INFORMAÇÕES SOBRE O CD

O CD que acompanha este livro traz em sua primeira faixa [2'10"] orientações gerais e, em seguida, dez exercícios para:

1	O medo	[2'18"]
2	A mágoa	[2'36"]
3	O apego	[1'55"]
4	A saudade	[2'01"]
5	A raiva	[2'24"]
6	A culpa	[2'52"]
7	A solidão	[2'05"]
8	A dúvida	[2'08"]
9	O perdão	[2'23"]
10	A limpeza	[1'47"]

Duração total: 25'05"

IZABEL TELLES nasceu no interior do Estado de São Paulo, onde cresceu com total liberdade numa cidade pequena e com horizontes a perder de vista. Desde pequena tem este dom de ver as imagens que a mente humana cria.

Veio para São Paulo aos 18 anos. Casou-se. Enquanto esperava a vinda de seus filhos gêmeos, Marcelo e Rodrigo, cursou a Escola Superior de Propaganda, passando a ser redatora de publicidade em grandes agências de São Paulo.

Nos anos de 1970, trabalhou como jornalista da Editora Abril por quatro anos e em seguida, depois de ter seu filho Gabriel, mudou-se para Portugal. Lá coordenou a área de criação de uma multinacional de Publicidade durante cerca de seis anos, quando resolveu voltar ao Brasil.

De volta a São Paulo, seu dom já falou mais alto. Na década de 1990 encontra seu professor, dr. Gerald N. Epstein, e decide ir para os Estados Unidos estudar com este médico que, desde o primeiro momento, encontrou ressonância no trabalho de Izabel com sua conduta médica.

Em 1997 volta definitivamente ao Brasil e inicia sua prática divulgando seu dom e sua técnica a profissionais de saúde, psicólogos, terapeutas e pessoas em geral, que passam a lhe encaminhar pacientes.

Hoje trabalha em São Paulo, Lisboa e Nova York, auxiliando profissionais na pesquisa de diagnóstico ou simplesmente caminhando lado a lado de quem quer conhecer mais profundamente de onde veio e para onde vai.

Izabel Telles quer que você saiba que para entrar em sua mente e ver suas imagens, ela precisa estar em lugar apropriado e de olhos fechados.

-------------------------- dobre aqui --------------------------

CARTA-RESPOSTA
NÃO É NECESSÁRIO SELAR

O SELO SERÁ PAGO POR

AC AVENIDA DUQUE DE CAXIAS
01214-999 São Paulo/SP

-------------------------- dobre aqui --------------------------

FECHE OS OLHOS E VEJA

CADASTRO PARA MALA-DIRETA

Recorte ou reproduza esta ficha de cadastro, envie-a completamente preenchida por correio ou fax, e receba informações atualizadas sobre nossos livros.

Nome: _____ Empresa: _____
Endereço: ☐ Res. ☐ Com. _____ Bairro: _____
CEP: _____ - _____ Cidade: _____ Estado: _____ Tel.: ( ) _____
Fax: ( ) _____ E-mail: _____
Profissão: _____ Professor? ☐ Sim ☐ Não Disciplina: _____ Data de nascimento: _____

1. Onde você compra livros?
☐ Livrarias ☐ Feiras
☐ Telefone ☐ Correios
☐ Internet ☐ Outros. Especificar: _____

2. Onde você comprou este livro? _____

3. Você busca informações para adquirir livros por meio de:
☐ Jornais ☐ Amigos
☐ Revistas ☐ Internet
☐ Professores ☐ Outros. Especificar: _____

4. Áreas de interesse:
☐ Psicologia ☐ Comportamento
☐ Crescimento Interior ☐ Saúde
☐ Astrologia ☐ Vivências, Depoimentos

5. Nestas áreas, alguma sugestão para novos títulos? _____

6. Gostaria de receber o catálogo da editora? ☐ Sim ☐ Não

7. Gostaria de receber o Ágora Notícias? ☐ Sim ☐ Não

Indique um amigo que gostaria de receber a nossa mala-direta.

Nome: _____ Empresa: _____
Endereço: ☐ Res. ☐ Coml. _____ Bairro: _____
CEP: _____ - _____ Cidade: _____ Estado: _____ Tel.: ( ) _____
Fax: ( ) _____ E-mail: _____
Profissão: _____ Professor? ☐ Sim ☐ Não Disciplina: _____ Data de nascimento: _____

Editora Ágora
Rua Itapicuru, 613 7º andar 05006-000 São Paulo - SP Brasil Tel. (11) 3872-3322 Fax (11) 3872-7476
Internet: http://www.editoraagora.com.br e-mail: agora@editoraagora.com.br

cole aqui